지금 당장
연금 투자를
시작하라

매월 30만 원으로 노후 대비하는
안전하고 확실한 투자법

지금 당장 연금 투자를 시작하라

오기찬 지음

포르체

14년 차 직장인의 자산 배분 투자 입문 및 성공기

제가 오기찬 님을 처음 뵌 것은 약 10년 전이었습니다. 국민연금에서 투자운용팀장으로 일을 하던 시기였는데, 열심히 블로그 관리도 하고 독서 모임에 성실하게 나오는 모습이 보기 좋아 사석에서도 만나게 되었습니다. 클라우드 서비스에서는 종종 8년 전이나 7년 전 사진을 다시 보여주는데, 큰아들과 오기찬 님이 함께 등산 가서 찍은 사진도 있을 정도였습니다. 그리고 지금은 이렇게 첫 번째 책의 추천사를 쓰고 있습니다.

제가 왜 이렇게 오기찬 님을 아끼는 걸까요? 여러 이유가 있지만, 흙수저 직장인의 성공 신화를 눈앞에서 관측했기 때문일 것입니다. 여기서 흙수저란, 직장 취직한 이후로 늘 가족들에게 생활비를 지급해야 하는 처지에 놓인 사람들을 지칭합니다. 금수저는 결혼할 때 자기 명의로 된 집을 선물로 받고, 부모님이 경영하는 회사의 지분을 상속받습니다. 그러나 저나 오기찬 님 같은 흙수저들은 집의 '기둥'이 되어야 합니다. 이렇다 보니 흙수저 직장인들은 돈을 모으기 어렵습니다. 저만 해도 직장생활 5년 차였던 1998년, 힘들게 마련했던 전세자금을 빼서 고향 집에 송금했던 기억이 생생합니다. 부모님께서 울면서 미안하다 하시던 모습이 글을 쓰는 순간 생생하게 떠올라 가슴이 미어집니다.

사담이 길어졌습니다. 이렇게 직장인이 자산을 만들고 성공적으로 굴리기 위해서는 특단의 노력이 필요합니다. 주변에서는 재테크 성공담을 자랑스럽게 이야기하지만, 종잣돈 마련이 급한 흙수저 직장인은 일단 저축이 우선입니다. 각종 세금 우대 계좌를 찾아보고 이자 더 주는 곳에 발품을 파는 수밖에 없죠.

오기찬 님과 제가 만난 것도 '배당주 투자' 공부를 하는 과정이었습니다. 2014년 8월 6일 발표된 배당소득 증대세제를 계기로 기업들의 배당이 크게 늘고 또 관련 기업들의 주가도 상승하던 시대적인 분위기에 올라탔던 셈입니다.[1] 이 덕분에 다음 그림의 모 펀드는 선풍적인 인기를 끌었습니다. 그러나 2018년을 고비로 성과 부진 현상이 두드러졌고, 최근의 급락장에서는 수익률 방어에 어려움을 겪는 중입니다. 이 결과, 운용자산 잔고가 가파르게 줄어드는 것을 발견할 수 있습니다.

왜 이런 일이 벌어졌을까요? 그 이유는 단 3년 만에 배당소

[1] 홍영도·김감순, 〈배당소득 증대세제와 기업소득 환류세제 도입과 주가 수익률〉, 〈세무와회계저널〉, 제16권 제2호, 2015

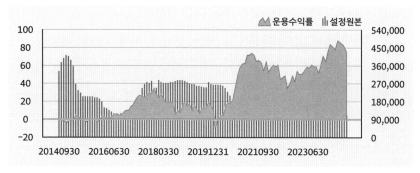

모 배당주 펀드의 수익률 및 설정 원본 추이
출처: 금융투자협회

득 증대세제가 폐지되었기 때문입니다[2] (물론 오기찬 님은 배당주
에 '올인'하지 않은 덕에 큰 피해를 보지는 않은 것으로 책에 나옵니다).
매우 안정적인 것처럼 보이는 배당투자조차 한국증시에서 큰 손
실을 입을 수 있다는 것을 알 수 있습니다.

한국의 배당투자가 어려운 두 번째 이유는 격렬한 경기 변
동입니다. 특히 저는 2018년을 잊을 수 없습니다. 트럼프 대통령
이 대중 관세를 3차례 연속 부과하는 가운데, 한국증시는 지리멸
렬했습니다. 특히 관세부과로 인해 인플레이션 위험이 커질 것이
라는 우려 속에 금리도 상승했던 것이 문제를 일으켰습니다. 즉
2008년부터 시작되었던 기나긴 초저금리 환경이 끝났다는 절망
감 비슷한 것이 시장을 지배했습니다. 이 결과 한국 증시는 옥석
구분 없이 무너졌습니다. 삼성전자 주가도 3만 원까지 떨어졌고,

---

[2]   방준호, "박근혜표 '기업소득 환류세제' 결국 퇴출", 한겨레, 2017.08.02

대표적인 배당주인 S-Oil마저 13만 9천 원에서 7만 9천 원으로 주저앉았습니다.

이때 트럼프 같은 스트롱맨이 각국의 지도자 자리에 오르는 일이 잦아질 경우, 경제의 미래를 예측하는 게 매우 어려워질 수 있다는 깨달음을 얻었습니다. 제가 2018년 말 증권사를 그만두고 자산 배분 전략을 실행에 옮기는 금융회사, 프리즘 투자자문의 창업을 준비하게 된 이유가 여기에 있습니다. 한국 주식과 미국 달러처럼 반대로 움직이는 자산에 분산 투자하고, 목표했던 비중이 뒤틀릴 때는 가격이 급등한 자산을 매도해 저평가된 자산을 매수하는 리밸런싱을 단행하는 게 최선의 투자 방법이라는 결론을 내렸던 것입니다.

물론 자산 배분 및 리밸런싱 투자가 성향에 맞지 않는 분들도 꽤 많으리라 생각합니다. 단번에 큰 성공을 거두기를 바라는 마음은 누구나 같습니다. 하지만 의미 있는 성과를 거둔 사람은 극소수에 불과합니다. 제가 금융회사를 경영하면서 수많은 고객을 만나 보았는데, 부동산은 몰라도 주식이나 암호화폐로 팔자까지 바꿀 성과를 올릴 분들은 매우 드물었습니다. 솔직하게 이야기하면, 딱 한 분 봤습니다.

문제는 부동산 투자에 많은 밑천이 필요하다는 것이죠. 따라서 저와 오기찬 님의 결론은 동일합니다. 성공적인 노후 설계

혹은 내 집 마련을 위해, 지금 당장이라도 자산 배분 투자를 하라는 것입니다. 물론 자산 배분 투자라고 해서 아무런 위험이 없는 것은 아닙니다. 2022년 국민연금이 8%의 손실을 입은 것처럼, 자산 배분을 하더라도 완전히 손실 위험을 제거할 수는 없습니다. 다만 10년 혹은 5년에 한 번 손실을 감내하는 대신, 연 6~8%의 성과를 기록할 수 있다는 면에서 큰 강점을 지닌다고 봅니다.

특히 2022년의 국민연금 손실도 리밸런싱을 제때 못한 탓이 크다는 것을 감안할 필요가 있습니다. 당시 국민연금은 국내 주식 가격의 급등으로, 전체 자산에서 목표한 비중을 크게 넘어서자 주식 매도로 대응하고 있었습니다. 그러나 "국민연금이 주식 팔아 주가가 못 오른다"고 항의한 일련의 집단에 굴복해 정부는 국민연금의 주식 매도를 중지하기로 결정한 바 있습니다.[3]

당시 국민연금의 운용자산이 약 1천조 원이었고 국내 주식 보유 규모가 200조 원 남짓이었으니, 전체 자산의 20%가 국내 주식에 투자된 셈이었습니다. 그러나 국민연금의 2023년 말 국내 주식 보유 비중은 14% 내외에 불과합니다. 즉, 약 60조 원의 국내 주식을 매도해야 목표 비중을 맞출 수 있는 상황이었습니다. 그러나 2021년 4월 이후, 국민연금의 국내 주식 매도가 중지되면서 이해 가을부터 시작된 급락장의 손실은 고스란히 국민

---

[3] 임성봉, "[종합] 국민연금 태세 전환 "국내주식 매도 속도 조절" 논의", 뉴스핌, 2021.03.25

모두의 피해로 귀속되었습니다. 2021년 국민연금이 국내 주식 매도를 계속했다면, 2022년 코스피가 2,100까지 폭락했을 때 '오히려 적극적인 저가 매수를 단행할 수 있었을 것'이라는 아쉬움이 남습니다.

따라서 제때 리밸런싱하고, 반대 방향으로 움직이는 자산에 쏠림 없이 분산 투자하면 얼마든지 폭락 장을 이겨낼 수 있었으리라 생각합니다. 부디 많은 분이 이 책을 통해 자산 배분 및 리밸런싱의 세계에 입문할 수 있기를 기원합니다. 또한 프리즘을 비롯한 많은 금융기관이 테마성 펀드 유행에서 벗어나 자산 배분 투자 전략을 채용한 상품을 내놓을 수 있기를 기대해 봅니다. 끝으로 좋은 책 쓰느라 고생한 오기찬 님, 그리고 포르체 출판사 관계자 모두에게 감사하다는 말씀 전합니다.

2024년 11월 17일,
이코노미스트 홍춘욱

모든 세대를 위한 재테크 해답

"모르면 당해야죠!"

한때 즐겨 보던 스타크래프트 게임 중계에서 자주 나오던 말입니다. 저는 14년 차 직장인입니다. 세대 구분으로는 전기 밀레니얼쯤에 속하겠네요. 우리나라 사람들은 자기가 특별히 힘들다는 걸 강조하기 위해 으레 '낀 세대'라는 말을 씁니다. 저 역시 스스로 직장에서나 사회에서나 '낀 세대'라고 여기고 있습니다. 그런데 중간 입장에서만 보이는 것도 있습니다. 사회생활을 예로 들어 보겠습니다.

　제 윗세대는 전반적으로 조직에 몸담고 있는 걸 선호하고, 고정적인 임금소득을 가능한 한 오래 벌기를 원합니다. 그러다 보니 정년 연장에도 두말할 필요 없이 찬성입니다.

반대로 제 아래 세대를 보면 노동 자체를 선호하지 않는다는 인상을 받습니다. 그 가운데에서도 조직 생활을 최악으로 여기는 경향도 있는 것 같습니다. 인간관계를 불필요하게 여기기도 합니다. 같은 돈을 벌 수 있다면 사업, 부업, 프리랜서 등을 선호하고, 근무 형태도 연봉 못지않게 따지는 것 같습니다. 업무 이외의 인간관계에서의 마찰을 피할 수 있다면 여기에도 높은 가치를 부여하고요.

그렇다면 낀 밀레니얼 세대는 어떨까요? 솔직히 잘 모르겠습니다. 한 가지 분명한 건, 사회생활을 시작한 이후 줄곧 변화가 너무 빨라 항상 혼란스럽다는 점입니다. 이미 14년이나 해왔던 일임에도 불구하고 일에 관성이 잘 붙지 않는다는 것, 매번 새로운 업무나 상황을 맞닥뜨려야 하는 상황이 너무 많은 것 같습니다. 찰리 채플린의 〈모던타임즈〉에 나오는 기계 부속품 같은 노동을 해보고 싶다는 생각도 합니다.

자산시장에도 세대별로 분명한 차이가 보입니다. 제 윗세대에는 사업가를 제외하면, 부동산으로 부를 축적하신 분들이 압도적으로 많습니다. 청약 3회 당첨, 재개발·재건축 성공담, 폭락기 줍줍 매수, 갭투자 신화 등 극적인 이야기가 많지만, 오랜 기간 갈아타기로 차근차근 불린 분들도 많습니다. 상대적으로 예·적금이나 주식은 '필패'의 지름길로 보일 정도입니다.

반면 제 아래 세대는 부동산 이외, 특히 금융자산에 대한 선호가 강하게 나타나는 것 같습니다. 부동산을 포기한 것인지는 좀 더 지켜봐야 하겠지만, 어떤 때는 지나치다 싶을 정도로 금융자산을 친숙하게 여기고 있고, 비트코인과 같은 가상화폐는 이미 주식과 동급으로 여깁니다. 이에 주식은 이미 '옛날' 자산이라고 말하기를 주저하지 않는 사람들도 보았습니다. 그 외에 저조차도 해보지 않은 빌딩, 미술품, 저작권 조각 투자를 해본 친구들도 어렵지 않게 찾아볼 수 있습니다.

문제는 역시나 가운데 낀 세대인 것 같습니다. 이 세대의 전형이라고 하면 선호 자산이 금융자산에서 부동산으로 옮겨 간다는 점입니다. 국제화와 정보통신 기술의 발달로 젊어서는 비교적 다양한 투자 자산을 경험했지만, 결혼하고 또 자녀가 학교에 들어가는 나이가 되면 자의든 타의든 부동산에 올인을 할 수밖에 없습니다. 자가든 전세든 말입니다. 하지만 부동산은 기본적으로 분산이 어렵습니다. 투입해야 하는 자산의 규모가 절대적으로 크다는 점, 그리고 레버리지(빚)를 내야 해서 이것이 장기간의 가처분소득(가계의 수입 중 소비와 저축 등으로 소비할 수 있는 소득) 또는 현금 흐름을 잠식한다는 단점이 있습니다. 지금까지의 경험으로만 보자면 이것이 집중투자, 레버리지 효과, 강제저축 등이라는 미명으로 보답받았다고 하지만 앞으로도 그럴 것인지는 불투명한 데다가, 다른 자산으로 짧은 기간에 큰 수익을 낸 사람들의 이야기를 들으면 마음이 흔들리는 건 어쩔 수가 없습니다. 쥐어 짜낸 현금으로 투자를 해보기는 하지만, 재미를 보기는 쉽지 않습니다. 그런가 하면 조금 형편이 나은 친구들은 보유한 부동산 가격이 많이 오르거나, 소득이 오르거나, 대출금을 상당 부분 상환함에 따라 여유가 생겨 부동산 이외의 다른 투자 자산을 찾아보려는 경우도 있었습니다. 특히 이때쯤 되면 현실의 여러 우려들이 끼어들기 시작하면서 위험한 투자는 조금 꺼리는 경향도 생겨나기 시작합니다.

이런 고민을 안고 있는 또래들에게 저는 줄곧 세제 혜택이 있는 계좌인 연금저축, IRP, ISA에서의 자산 배분 투자를 권해왔습니다. 하지만 몇 년 동안 크게 효과가 없었습니다. 투자법치고는 '정말 이게 다인가?' 싶을 정도로 밍밍한 자산 배분 투자의 특성 때문인 것도 있겠지만, 우리나라에서는 특히 자산 배분 투자를 어렵게 하는 외부 요인들도 많았습니다. 저도 이걸 잘 알고 있었고, 저조차도 제 자산의 일정 부분을 매년 적립식으로 넣으며 제가 주로 하고 있는 주식 투자의 대체제 혹은 장기 대안 중하나로 여기고 있었을 뿐입니다. 그때는 자신 있게 자산 배분 투자를 추천하기가 어려웠습니다.

하지만 상황이 바뀌었습니다. 특히 최근 1~2년 사이에 자산 배분 투자를 둘러싼 환경은 큰 개선이 있었습니다. 거듭 생각해도 같은 결론입니다. 이에 저도 적립 금액을 이전보다 빠르게 늘려 가고 있고, 주변 사람들에게도 자신 있게 권하고 있습니다. 1년 사이에 저에게 이야기를 듣고 자산 배분 투자를 시작한 사람이 10명 남짓 됩니다. 잘나가는 주식 종목에 투자해서 얻은 성과처럼 눈에 확 띄는 것은 아니지만, 반응이 썩 나쁘지는 않은 편입니다. 특히 '이런 방법이 있는 줄 몰랐다'고 하면서 이제 막 초등학교에 들어간 자녀에게도 같은 방식의 투자를 권하고 있다는 지인의 말을 들었을 때가 가장 기분이 좋았습니다.

* * *

이 책은 자산 배분 투자에 관한 책이지만, 투자 전략에 대해서는 다루고 있지 않습니다. 그리고 그 전략을 실행하는 데 필요한 금융상품 뮤츄얼펀드나 ETF에 대해서도 설명하지 않으려고 합니다. 불필요하다고 생각하기 때문입니다. 시중에 이미 관련 책들도 많이 나와 있고, 유투브나 블로그에 질 좋은 콘텐츠도 많이 있습니다. 자산 배분의 기본 개념을 잘 적용한 전략이라는 전제하에 어떤 전략을 택하든 소기의 성과(연 4~8%의 복리)를 거둘 수 있습니다. 자산 배분에는 답이 되는 '절대 전략'이란 존재하지 않습니다. 꾸준히 유지하고 리밸런싱을 하는 것이 가장 어렵습니다.

자산 배분 투자를 잘 유지해 나가기 위해서는 두 가지 마인드가 필요합니다. 하나는, 성급하게 부자가 되지 않으려는 마음입니다. 40대 후반 또는 50대 초반까지는 본업을 지키면서 적립과 운용을 하여 만족할 만한 자산을 축적하고, 퇴직 후 또는 만 55세 이후에 연금의 형태로 적정한 현금 흐름을 만들어 누린다고 생각해야 합니다.

다른 하나는 패자의 게임[4] 즉, 이기려고 하기보다는 지지 않으려는 태도로 접근해야 합니다. 돈을 벌려고 하지 말고, 잃지 않으려고 하다 보면 내 자산은 저절로 불어나 있을 것입니다. 이는 인플레이션, 유동성, 배당, 그리고 리밸런싱이 시간이 주는 복리의 마법과 어우러져 발생하는 일종의 '화학반응' 같은 것입니다. 이를 잘 해나간다면 우리나라 가계 순자산 수치를 기준으로 상위 5~15% 수준의 연금자산을 구축하는 것도 충분히 가능합니다. 이는 절대로 적은 돈이 아닙니다. 만약 그때가 돼서 이 연금자산이 '푼돈'으로 느껴진다면, 이미 다른 쪽에서 그보다 많은 소득이나 자산을 축적했기 때문일 테니 그것 또한 좋은 일일 것입니다. 그러니 어떤 투자 혹은 재테크를 해야 할지 몰라 불안할수록 자산 배분 투자를 시작하라고 권하는 것입니다.

---

[4]　미국의 투자자 찰스 엘리스가 1985년 저서 《패자의 게임에서 승자가 되는 법》에서 제시한 개념이다. 테니스 경기에서 주로 프로 선수들은 적극적인 공격이 성공했을 때 점수를 얻는 데 반해, 아마추어들은 본인의 공격이 아닌 상대의 실수로 인해 점수를 얻는 모습에서 착안하였다. 저자는 투자도 이와 같다고 주장한다.

많은 분이 앞으로의 4년 동안 더 커진 변동성과 불확실성을 전망하고 있을 줄 압니다. 물론, 제 포트폴리오도 이전보다 큰 출렁임을 겪을지도 모릅니다. 하지만 지금 하고 있는 자산 배분 투자 전략을 수정할 정도까지는 아닐 것이기에 상대적으로 평온한 마음을 유지하고 있습니다.

이런 평온함, 느껴 보고 싶지 않으신가요?

목차

저자(주)

이번 장에서는 '왜 자산 배분 투자가 정답인가'를 설명하기에 앞서
제가 이와 같은 결론에 이르기까지의 과정, 즉 지난 10년간 있었던
제 개인의 투자 이야기를 해보려고 합니다. 자산 배분 투자와는
상관없는 내용이기 때문에 본론으로 들어가고 싶은 분들은 곧바로
Part 2부터 읽으셔도 됩니다.

Part 1

나의 투자
10년

아르투어 쇼펜하우어

무지가
부를 만나면
천박해진다

시작은 예·적금과 펀드

저는 2011년에 사회생활을 시작했습니다. 그리고 입사 4년 차인 2014년부터 '본격적으로' 투자를 시작했습니다. 그해 사원에서 대리로 진급하면서 성과급을 더한 연봉이 30% 정도 크게 오른 덕에 상대적으로 여유가 생겼습니다. 차도 끌기 시작하면서 이제야 겨우 직장인다워졌다는 느낌도 받았습니다. 저축과 연애 두 마리 토끼를 다 잡겠다고 애를 쓰느라 투자와 개인소비는 제쳐두었던 이전과는 그야말로 격세지감이었습니다.

다만 '본격적으로'라는 단서를 단 이유가 있습니다. 이때부터 개별 종목 주식 투자를 시작했기 때문입니다. 사실 이전에도 투자를 전혀 하지 않은 건 아니었습니다. 취직해서 첫 3년 동안은 소득의 70~80%는 1~3년짜리 적금을 여러 계좌로 나눠서[5] 하고 있었고, 아주 소액으로는 베트남이나 러시아 같은 신흥국

[5] 당시 월 불입 금액을 작게 여러 예·적금 계좌에 나눠 저축하고, 잦은 주기로 만기가 돌아오도록 하는 소위 예·적금 '풍차 돌리기'가 대중적으로 유행했다.

펀드를 했었습니다.

과거의 금리를 이야기할 때 우스갯소리로 많이 회자되는 드라마가 바로 〈응답하라 1988〉입니다. 이 드라마에는 예금금리가 15%밖에 안 한다는 덕선 아빠의 대사가 나옵니다. 지금의 금리와는 비교할 수도 없는 높은 수치인데 말입니다. 금리의 하락은 꽤 오랜 기간에 걸쳐 벌어지는 추세이고, 이게 그리 먼 과거의 일은 아니라는 걸 저도 이미 겪었습니다. 제가 막 입사했던 2011년을 돌아보면, 3년 만기 적금의 이자율은 5% 중반대였습니다. 당시에는 만족스럽지 않은 이자율이었습니다. 거기에 3년을 유지할 수 있을까 하는 노파심 탓에 주로 1년짜리 적금만 했습니다. 물론 지금 와서는 매우 후회합니다. 시간이 더 흘러 코로나19 팬데믹이 한창이던 2020~2022년에는 초저금리를 경험했습니다. 0%에 가깝다는 의미로 '제로금리'라는 표현을 쓰기도 했습니다. 유럽이나 일본과 같은 일부 국가에서는 '마이너스금리'가 등장하기도 했습니다. 이렇게 이자율이 매년 점차 내려가는 국면에서 저축을 하다 보니 이자가 많이 붙지는 않았지만, 저도 처음에는 적금으로 종잣돈(시드 머니)을 모았습니다.

그다음에는 펀드 이야기를 해보겠습니다. 여기서 말하는 '펀드'란 우리가 증권사나 은행을 통해 쉽게 가입할 수 있는 '뮤추얼펀드(공모펀드)'를 이야기하는 것입니다. 2011~2014년쯤에는 뮤추얼펀드가 펀드의 대명사였습니다. 몇 년 전 라임자산운용 사태 [6]가 워낙 크게 터지기도 했고, 지금은 간접투자가 주로 ETF(Exchange Traded Fund, 상장지수펀드)를 통해 이루어지다 보니 이제는 '펀드'라는 단어를 쓰면 '뮤추얼펀드'를 떠올리는 사람이 많이 적어졌다는 걸 실감합니다.

펀드도 금융'상품'이다 보니 유행이 있습니다. 당시에는 단연 신흥국펀드가 유행이었습니다. 중국은 전 세계의 성장 동력이라고 불리며 여전히 높은 수준의 성장률을 구가하고 있습니다. 여기에 베트남, 브라질, 러시아 같은 대륙별 대표 신흥국들의 성장세도 전반적으로는 나쁘지 않았습니다. 그래서 중국, 베트남, 러시아에 투자하는 펀드에 매월 일정 금액을 적립했습니다. 하지만 투자 성과는 좋지 않았습니다. 2014년 9월쯤 본격적으로 주식 투자를 하고자 가입하고 있었던 모든 펀드를 현금화했을 때, 정확하지는 않지만 수익률이 대략 3~4% 수준이었던 것으로 기억합니다. 연간이 아니라 3년여 동안의 총 수익률 말입니다.

이 기간을 보내며 온몸으로 깨달은 교훈이 하나 있습니다. 신흥국 투자는 경제 구조나 자본시장 구조 모두 대체로 사놓고 보유하는, 소위 'Buy-and-Hold' 식의 투자가 작동하지 않는 구조적 한계를 가지고 있다는 것입니다. 평가 금액으로는 돈을 벌

[6]   국내 헤지펀드인 라임자산운용이 2019년에 펀드 환매 중단을 선언하면서 불거졌던 사건이다. 펀드가 코스닥 기업들의 부실채권 등을 편법 거래하면서 수익률을 관리하고 있다는 의혹이 터진 것이 펀드런(집단 환매 요청)을 촉발시켰고, 결국 펀드는 파산을 선고받고 투자자들은 손실을 입었다.

었다고 하더라도, 급격한 변동성으로 인해 몇 달 지나지 않아 그 수익금을 고스란히 반납하는 일이 너무나도 빈번하게 벌어집니다. 대신 특정 시점에 빠르고 과감하게 진입해 일정 기간만 보유한 다음, 적당한 시점에는 수익을 실현하는 일종의 모멘텀 접근이 나아 보입니다.

다시 본론으로 돌아와서 2011~2014년의 경제 상황을 간단히 돌아보면 일단 'PIIGGS'[7]로 대표되는 남유럽의 경제 위기가 있었습니다. 이로 인해 유럽뿐만 아니라 미국과 일본 등 선진국에는 장기적인 경제 성장이 끝났다는 비관론이 팽배해 있었습니다. 중국의 가파른 경제 성장도 2012년 즈음 피크아웃이 온 게 아니냐 하는 전망이 슬슬 나오기 시작했습니다. '차·화·정 장세'[8]라고 불렸던 시기의 수출 대형주들의 주가가 이를 대변하기도 합니다. 당시 전반적인 세계 경제의 상황은 이랬습니다.

문제는 이 모든 이슈가 결국 신흥국의 통화, 금리, 주식시장의 급격한 변동으로 귀결된다는 점입니다. 언제나 그랬었고, 또 그럴 수밖에 없습니다. 한마디로 '선진국이 재채기만 해도, 신흥국은 몸살에 걸린다'는 것입니다. 이런 면에서 때때로 신흥국 편

---

[7] 2010~2011년에 걸쳐 재정위기를 겪었던 (남)유럽의 주요 국가들을 의미한다. 처음에는 포르투갈, 이탈리아, 그리스, 스페인을 뜻하는 PIGS로 출발했다가 아일랜드와 영국이 추가되어 PIIGGS로 확장되기도 했다. 공교롭게도 돼지(Pig)라는 단어와 겹쳐 이 사태는 이들 국가의 정치적 불안정, 방만한 재정 운영, 탐욕 등을 상징하는 위기로 기억된다.

[8] 2009년부터 2011년에 걸쳐 우리나라 주식시장의 상승을 이끌었던 산업인 자동차, 화학, 정유에서 한 글자씩 뽑아 만든 표현이다. 미국과 유럽의 침체 속에서 중국으로의 수출이 활황이었던 시기를 상징하기도 한다.

드 투자는 결코 쉽지 않았습니다. '버티면 승리한다'라는 식의 저 잣거리 투자 격언은 맞는 말이기도 하지만, 틀린 말이기도 합니다. 그때나 지금이나 원금을 손해 보지 않은 걸 천만다행이라고 생각하고 있습니다.

제가 1년 단위이지만 그나마 적금을 꾸준히 하면서 종잣돈을 만드는 데 성공했던 것, 그리고 신흥국펀드 투자로 손해를 보지 않았던 이유는 고지식했기 때문이 아닌가 싶습니다. 행동보다는 생각이 더 많고, 이론을 중요하게 생각하고, 또 겁이 많습니다. 학창 시절 아버지가 저를 채근하면서 자주 하시던 표현을 빌리면, '패기 따위는 찾아볼 수 없는' 혹은 '해보겠다'고 말하는 경우는 있어도 '할 수 있다'고 말한 적은 한 번도 없는 그런 성향입니다. 개인의 성향이 투자 결정에도 그대로 투영된다고 생각할 때가 많습니다. 다른 말로 기질이라고 하는데, 투자에서는 굉장히 중요한 요소입니다. 가치투자로 유명한 워런 버핏과 찰리 멍거 모두 가치투자에 있어서 가장 중요한 요소로 '기질'을 꼽기도 했습니다.

주식을 처음 시작한 돈은 2천만 원 정도였습니다. 제가 저축한 돈 전체는 아니었고 딱 이 정도만 하자는 생각이었으니, 여기서도 제 고지식함이 드러납니다. 아마도 '달걀을 한 바구니에 담지 말라'는 투자 격언을 실천할 요량이었던 것 같습니다. 투자 종목을 고르면서 가장 강했던 감정 역시 '원금을 손해 보기 싫다'는 마음이었습니다. 그래서 여러 투자 스타일 중에 가치주[9]와 배당주 투자에 가장 끌렸습니다.

2014년 즈음을 돌아보면 둘 다 상당한 성과를 보였던 투자 스타일이었습니다. 차·화·정으로 대표되는 중국 수혜 종목들은 이전까지만 해도 상당히 낮은 주가와 성장성을 보여주던 종목이었습니다. 이 중 상당히 많은 종목이 중국 수출의 힘입어 좋은 실적을 보이면서 장기간 가파르게 올랐습니다. 우리나라에서 자칭이든 타칭이든 '가치투자자'라고 불리는 분들이 가장 활발하게 활동했던 마지막 시기이지 않나 싶습니다. 한 가지 비극은 이 이후로 가치주 투자의 부흥이 다시 오지 않았다는 것입니다. 아무튼 정말 영화로웠던 시기임에는 틀림이 없습니다. 제가 그 이후로 주식시장에 들어섰다는 게 평생의 기회 중 하나를 놓친 게 아

---

[9] 특정 재무회계 기준을 통해 산출한 주식의 가치보다 주가가 싼 종목을 매수하고 보유하여 주가가 산출한 가치에 근접하거나 초과했을 때 매도하여 수익을 내는 투자 방법이다. 그 시점이 언제인지에 대해서는 불분명한데, 가격은 가치에 수렴한다는 믿음 또는 경험에 근거한다.

닌가 싶은 아쉬움이 들 정도로 말입니다.

　가치주 투자보다는 조금 덜 유명했지만, 배당주 투자 역시 매력적인 투자 방법이었습니다. 앞서 언급한 것처럼 2011년 5% 중반대(3년 만기)의 적금 이자율을 본 이래 금리는 꾸준히 하락했습니다. 이는 이론적으로 배당주에 좋은 환경입니다. 보수적으로 배당금이 유지되고 주가가 변동이 없다고만 가정해도, 금리와 비교한 그 배당금의 '상대 가치'는 오르기 때문입니다. 특히 이 시기에는 중국이 온갖 생필품들을 저렴한 가격에 생산해 전 세계에 의욕적으로 수출하고 있었기 때문에 물가상승률도 낮게 유지되고 있었습니다. 이렇게 되면 배당금의 가치가 오르는 만큼 그 배당금을 지급하는 주식의 가격도 오를 수 있는 환경이 만들어집니다. 배당금도 받았는데, 주식을 팔아 시세 차익도 낼 수 있게 되는 것입니다.

　제가 당시에 더 주목했던 것은 배당금이 주는 '현금 흐름 효과'였습니다. 종목마다 차이는 있으나 배당주를 가지고 있으면 매년 1~4회 정도 그 주식을 가지고 있는 사람, 즉 주주에게 배당금[10]을 지급합니다. 보통 배당금은 '1주당 얼마를 지급한다'는 식으로 주식 보유 수만큼 지급합니다. 대표적으로 삼성전자는 배

---

[10]　배당은 주식을 보유한 리스크에 대해 지급하는 보상으로, 보통 특정 시점에 주식을 보유한 주주들을 대상으로 현금으로 지급한다. 연 1회 지급하면 '결산배당(또는 기말배당)' 2회 지급하면 중간배당과 결산배당, 4회 지급하면 분기배당이라고 한다. 다만 2분기 결산 후에 지급하는 배당은 중간배당이라고 하고 분기배당이라고도 하는 등 이 세 용어는 시기별로 혼용하기도 한다. 이외에도 비정기적으로 지급하는 '특별배당'이 있다.

당금을 연 4회 지급하는 분기배당을 실시하고 있습니다. 전자공시시스템(DART)에 검색하면 연 4회의 배당금 발표(현금·현물배당 결정)를 하는 것을 볼 수 있습니다.

배당의 구분은 배당금을 지급하는 주기를 뜻하며, 배당 종류는 '현금'이라고 기재되어 있습니다. 현재 우리나라에서는 찾아보기가 매우 힘들지만, 드물게 현물(상품)을 지급하는 경우도 있습니다. 예를 들면, 라면회사에서 주주들에게 자사의 신제품 라면을 보내주는 것 같은 것입니다. 가장 중요한 것은 1주당 배당금으로, 이는 주식 1주당 받을 수 있는 배당금을 보여줍니다. 내가 보유한 주식에 아무것도 붙어 있지 않으면 보통주식에 해당하고 뒤에 우선주, 우, B, 숫자 같은 것들이 붙어 있으면 종류주식에 해당합니다. 종류주식은 발행 시에 특별한 조건이 붙은 것을 의미하는데, 보통주식보다 배당금을 더 주는 조건이 가장 흔합니다. 그렇지만 의결권이 없거나, 상장 기간이 정해져 있는 등 제한이 있기 때문에 무조건 좋다고 볼 수는 없습니다. 그 외에는 배당 기준일, 배당금 지급 예정 일자, 그리고 이사회 결의일(결정일)을 보면 되고, 중요사항에서 배당금 지급 일정에 대한 추가 설명 등도 살펴보면 좋습니다.

1. 배당 구분		분기배당
2. 배당 종류		현금배당
- 현물자산의 상세 내역		-
3. 1주당 배당금(원)	보통주식	361
	종류주식	361
- 차등배당 여부		미해당
4. 시가배당율(%)	보통주식	
	종류주식	
5. 배당금 총액(원)		
6. 배당 기준일		
7. 배당금 지급 예정 일자		
8. 주주총회 개최 여부		
9. 주주총회 예정 일자		
10. 이사회 결의일(결정일)		
- 사외이사 참석 여부	참석(명)	
	불참(명)	
- 감사(사외이사가 아닌 감사위원) 참석 여부		
11. 기타 투자 판단과 관련한 중요사항		

- 상기 3, 4항의 종류주식은 우선주를 의미함.
- 상기 4항의 시가배당율은 배당 기준일 전전거래일(배당부 종가일)부터 과거 1주일간의 거래소 시장에서 형성된 최종 가격의 산술평균가격에 대한 1주당 배당금의 비율임.
- 상기 7항의 배당금 지급 예정 일자 관련, 자본시장과 금융투자업에 관한 법률 제165조의12의 규정에 의거 이사회 결의일로부터 20일 이내에 지급 예정임.
- 상기 10항의 감사는 감사위원회 위원을 의미함.

※ 관련 공시	-

[종류주식에 대한 배당 관련 사항]

종류주식명	종류주식 구분	1주당 배당금(원)	시가배당율(%)	배당금 총액(원)
삼성전자우	우선주	361	0.6	297,062,098,700

삼성전자의 배당 관련 공시 세부 내역 (2024.07.31.)
출처: 전자공시시스템(DART)

배당주 투자에 정착하다

저는 지금까지 줄곧 배당주 투자를 해왔습니다. 그래서 스스로를 배당주 투자자라고 생각합니다. 물론 '배당투자'에 대한 정의는 사람마다 다를 수 있습니다. 하지만 제 기준에 배당과 관련된 정보들을 기업 분석과 종목 선택의 최우선 정보로 놓고 결정하는 투자를 의미합니다. 저는 단 1원이라도 배당금을 주지 않는 기업은 분석하지 않습니다. 분석할 게 없다고 생각하기 때문입니다. 그렇게 약 10년 정도 배당주 투자를 하고 있으며, 지금까지 어느 정도의 성과는 거두고 있습니다. 다만 그동안 시장에서 아웃될 뻔한 적도 크게 2번 정도 있습니다.

한 번은 2017~2018년 무렵 도널드 트럼프가 미국 대통령으로 당선되면서 중국과의 무역 마찰이 심해지는 시기였습니다. 당시 미국과 중국을 필두로 전반적인 세계 경제 상황이 그간 제가 체득한 이론과 경험으로 돌아가지 않는다는 걸 처음으로 느꼈습니다. 그리고 장기간 이어졌던 커다란 흐름은 글로벌화, 즉 자유무역이 곧 모두의 양적·질적 성장이라 철통같이 믿었던 시기가 끝나가는 직접적인 계기이기도 했습니다. 저에게도 지적 허탈감을 주는 시기였고, 배당주를 비롯한 자산 대부분에서 손실이 나니 심리적으로도 견디기가 힘들었습니다.

다른 한 번은 많은 분들과 비슷할 텐데, 바로 코로나19 팬데믹이 벌어진 첫해인 2020년이었습니다. 날짜도 잊을 수가 없습니다. 3월 19일입니다. 이날 제 주식계좌 평가수익률이 2020년 1월 1일과 대비해서 약 -64%였습니다. 금액으로는 당시 투자금 총액 3.0억 원이 대략 1.1억 원이 되었습니다. 그럼에도 계속 매월 말에 급여의 일정 부분으로 당시 보유하던 종목을 매수했습니다. 다만 이 시점에서는 보유량에 비해 추가 투입하는 금액이 워낙 미미한지라 크게 도움이 되지 않았습니다. 특히 마중물로 여기고 있는 배당금은 통상 4월 중순에서 말에나 입금이 되기 때문에 더 힘들었습니다.

여담이지만, 그래도 이 시기에 주식을 하나도 팔지 않고 버틴 덕분에 2020년은 연초 대비 +10% 정도로 마무리했던 해였습니다. 하지만 모든 경험이 자산은 아닌 것 같습니다. 어떤 경험은 가능한 겪지 않는 게 좋다고는 생각하고 있습니다. 좋은 결과로 끝났을지라도 그냥 '하얗게 삭았다'는 느낌 이상도 이하도 안 듭니다. 정말 이거 빼고는 아무런 느낌이 없었습니다. 그래도 이 시기를 겪으면서 식견도 넓어지고, 투자 마인드도 더욱 단련되었다고 생각합니다.

배당주 투자자로서의 진짜 고민은 이렇게 갑작스럽게 벌어졌던 큰 사건·사고들에 있지 않습니다. 오히려 조용하게, 서서히,

그렇지만 분명하게 찾아오는 고통이 진짜가 아닌가 싶습니다. 흔히 우리나라 경제의 특성을 한마디로 요약해 '수출 주도형 개방경제'라고들 합니다. 이로 인해 한국 주식시장에서 급성 질병이 주로 대외환경에 의한 것이라면, 만성 질병은 바로 지배 구조의 문제입니다. 더 포괄적인 개념으로는 거버넌스(Governance)라고도 합니다. 여기서는 지배 구조와 거버넌스를 동의어라고 하겠습니다.

왜 배당주 투자에서 거버넌스가 중요할까요? 관개 시스템에 비유해 보겠습니다. 기업이 수도관이고, 배당금을 줄 수 있는 기업의 자본 여력이 물의 양이면 지배 구조는 수도꼭지이고, 지배주주(소유)와 이사회(경영)는 꼭지를 돌리는 사람이라고 할 수 있습니다. 아무리 수도관이 잘 갖춰져 있고 거기에 흐르는 물의 양이 풍부하다고 해도 수도꼭지가 허술해서 물이 줄줄 새거나 적당한 시기에 꼭지를 돌려서 물을 틀어 줘야 할 사람이 뒷짐만 지고 있다면 투자자는 수시로 물 부족을 겪게 됩니다. 아니면 기업 내부의 누군가가 수도관 중간에 호스를 꽂아 물을 중간에서 가로채고 있을 수도 있습니다.

대부분 우리나라의 상장회사들은 여력에 비해 배당을 매우 적게 합니다. 이건 대외환경이나 해당 기업의 영업과 관련한 사항보다는 지배 구조와 관련된 부분이 큽니다. 우리나라는 소유와 경영의 개념이 잘 분리되어 있지 않습니다. 따라서 이사회가 아닌 창업주의 '카리스마'에 의해 기업 의사 결정이 이루어지는 경우가 많습니다. 이로 인해 여러 문제가 발생하는데, 세금 항목(배당소득세, 대주주양도세, 상속세 등) 구조가 더해져 온갖 의사 결정이 이루어지는 것도 그중 하나입니다. 특히 상장회사의 상속 이슈가 발생할 때는 이런 현상이 집약적으로 드러나기도 합니다.

배당주 투자자의 관점에서 우리 시장은 독에 중독된 상태라고도 할 수 있습니다. 해독을 위해서는 해독제가 필요한 것처럼, 상장기업의 거버넌스를 해결하기 위해서는 제도 개선이 있어야 합니다. 문제 당사자인 기업이 스스로 이를 고치는 건 애당초 기대하기 힘든 만큼, 정부의 개입과 다소간의 강제력이 필요한 것입니다. 여기에는 시장에서 감시와 규제 역할을 맡는 금융감독원과 같은 금융기관 혹은 금융 당국을 비롯해 정부의 3부에 해당하는 행정부, 입법부, 사법부가 모두 각자의 책임과 역할을 가지고 있다고 할 수 있습니다. 하지만 지난 10년간 우리나라 주식시장의 거버넌스 개선 수준은 제 기대보다는 많이 미미했습니다. 이런 환경에서는 수익이 잘 나더라도 제 노력에 대한 성과라기보다는 모든 게 운의 영역인 것 같아 항상 불안했습니다.

연금계좌에 '저축'을 시작하다

제가 2014년 하반기부터 같이 해오던 것이 하나 더 있습니다. 바로 연금 계좌인 연금저축과 IRP에 매년 일정 금액을 저축한 것입니다. 이는 투자 목적이 아닌 세액공제 때문이었습니다. 매년 2월이면 많은 급여 소득자에게 심리적으로 박탈감을 주는 시기가 찾아옵니다. 바로 연말정산입니다. 저는 미혼 1인 가구입니다. 가족 공제 받을 게 없고, 제 소유의 부동산이 없어 주택담보대출도 없습니다. 그러면서 직장 생활 14년 차로 급여 소득이 일정 수준을 넘어서는지라 월세, 주택청약종합저축, 문화생활비 지출로 인한 공제에서도 소득 조건 상한에 걸려 제외됩니다. 정말 신기하게도 다 피해 갑니다. 그러다 보니 결정세액은 항상 더 내야 했고, 나중에는 내야 할 금액이 커져 분납하기도 했습니다. 소위 '유리 지갑'이니 '13월의 세금'이라는 표현을 비슷한 처지의 지인들과 대화할 때마다 달고 살았던 것 같습니다.

연말정산은 사실 내 소득에 대해서 응당 내야 할 세금을 내는 것이라 거기에 감정을 담을 필요는 없다고들 합니다. 오히려 정산 후에 조금 더 내는 것이 연중으로는 원천징수를 적게 했다는 뜻이니 좋은 거라는 해석도 있습니다. 하지만 감정적으로 그렇지 않은 것은 저도 어쩔 수가 없었습니다. 그래서 소득에 여유가 생기자마자 연금 계좌에 조금씩 돈을 넣기 시작한 것입니다.

당시의 저는 연금 계좌에 불입하는 행위를 '저축'으로 보았습니다. 이유는 두 가지가 있습니다. 하나는 세액공제를 위해서 넣는 돈이고, 다른 하나는 돈을 넣고 아무것도 하지 않았기 때문입니다. 한마디로 방치한 것입니다.

급여 소득자의 소득 정산 공제 방식에는 크게 소득공제와 세액공제가 있습니다. 소득공제는 내 소득에서 먼저 공제 항목을 빼고 나머지를 가지고 세금을 계산하는 방식입니다. 세액공제는 먼저 세금을 계산한 다음에 결정된 세금에서 공제 금액만큼 빼주는 것입니다. 둘 다 절세 효과가 있지만 일반적으로는 소득세율 구간을 바꿀 정도로 큰 소득공제가 아니라면 소득공제보다 세액공제가 더 낫다고 합니다. 그래서 그런지 세액공제 항목은 장기적으로 점차 줄어드는 추세에 있고, 소득공제 항목으로 전환하거나 일몰[11]을 시킵니다. 다시 말하면 세액공제 항목은 정부에서도 그만큼 중요하게 생각하고 있다는 뜻입니다.

제게 저축의 의미와도 같던 연금 계좌 운용이 투자의 개념으로 변하게 된 계기가 있습니다. 2017년 당시 연금저축이나 IRP 같은 개인 연금 계좌에서도 ETF를 활용해 자산 배분 투자를 하는 법을 다룬 책이 나오기 시작했습니다. 사실 이는 연기금 등에서 주로 투자하던 방식이기 때문에 이론이나 체계는 이미

---

[11] 특정 시점을 기준으로 이전에 가입한 사람에게는 혜택을 주고, 이후로는 가입이 불가능하거나 신규 가입자에게 혜택을 주지 않는 경우를 뜻한다.

예전부터 있던 투자 방법이었습니다. 다만 개인투자자에게도 알려질 만큼 대중적이지 않았을 뿐입니다.

그 후 2023년, 이 책을 쓰고 싶을 만큼 강한 동기부여를 준 것이 바로 자산 배분을 전문으로 하는 투자 자문 서비스의 성장입니다. 전문용어로 자문 서비스(Advisory Service)라고 합니다. 자산 배분 투자가 기본적으로는 어려운 투자 방법은 아닙니다. 오히려 펀드 투자나 일반적인 개별 주식 투자보다 훨씬 더 쉽습니다. 혼자서도 충분히 할 수 있는 투자 방법이라는 데는 의심이 없습니다. 다만 자문 서비스를 이용할 때의 장점도 있습니다. 본인이 직접투자를 하는 조건에서는 도저히 극복할 수 없는 몇 가지 물리적·심리적 장애물을 덜어줄 뿐 아니라, 유용한 부가 서비스도 제공받을 수 있습니다.

지금의 저는 배당투자와 자산 배분 투자를 동시에 하고 있습니다. 이 2개가 제 자산의 99%를 차지하고 있습니다. 금융자산, 그것도 위험자산 노출 100%라고 할 수 있는 지금의 포트폴리오는 꽤 잘 유지하고 있다고 평가합니다. 하지만 배당투자에 대한 확신이 사라지는 추세라, 점차 포트폴리오 비중을 배당투자에서 자산 배분 투자로 옮기려고 합니다.

72의 법칙이
자산 배분 투자자에게
시사하는 것

흔히 장기 투자의 성과를 가늠하는 데 있어 빠지지 않고 등장하는 개념이 바로 '72의 법칙'입니다. 최대한 간단히 설명하자면, 복리 투자를 한다고 가정했을 때 원금이 2배가 되는 기간(t)과 연수익률(또는 이자, r)의 조합을 의미합니다. 간단하게 식으로 나타내면 다음과 같습니다.

$$72 = t \times r$$

예를 들어, 연 8%의 수익률을 복리로 운영하면 9년이 돼서 원금이 2배가 된다는 뜻입니다. 이는 적어도 15세기 이탈리아 시대 때부터 기록이 존재합니다. 별다른 증명이나 설명도 없다고 하니, 훨씬 이전부터 회계 등 실생활에서 널리 쓰였다고 추측하고 있습니다. 72의 법칙을 엄밀하게 수학식으로 증명한 결과로는 사실 69 또는 그 근사치인 70의 법칙이라고 하는 것이 더 적절합니다. 다만 이들 숫자는 72에 비해 공통으로 나누어 떨어지는 숫자(공약수)들을 덜 갖기 때문에 더 활용도가 높은 72로 정해서 활용하는 것이 아닐까 싶습니다. 자산 배분 투자에서는 흔히 대표성과 효율성의 원리가 작용한다고 했는데, 72의 법칙도 그런 것 같아 마치 대단한 우연처럼 느껴지기도 했습니다.

$$69 = 3 \times 23$$
$$70 = 2 \times 5 \times 7$$
$$72 = 2 \times 2 \times 2 \times 3 \times 3$$

72를 써도 충분한 이유가 또 있습니다. 72의 법칙을 증명하는 수학식은 r의 값이 클수록 오차가 커지는(덜 정확한) 경향이 나타납니다. 그런데 실생활에서 이자율 계산이라든지 자산 배분 투자를 하는 우리가 추구하는 (기대)수익률은 그렇게 큰 숫자를 쓰지 않기 때문에 활용에 무리가 없습니다. 이를 표로 나타내면 다음과 같습니다.

72의 법칙을 잘 이해한 자산 배분 투자라면 내가 투자를 할 수

연수익률(%)	72의 법칙에 따른 기간(년)	실제 소요 기간(년)
1	72.00	69.69
2	36.00	34.85
3	24.00	23.44
4	18.00	17.67
5	14.40	14.20
6	12.00	11.90
7	10.29	10.24
8	9.00	9.01
9	8.00	8.04
10	**7.20**	**7.27**
11	6.55	6.64
12	6.00	6.12
13	5.54	5.67
14	5.14	5.29
15	4.80	4.96

있는 기간을 바탕으로 ▲추구해야 하는 연(기대)수익률이나 ▲투자 기간 때(보통 연금 개시 시점)까지의 투자 성과(금액)를 어림짐작으로나마 계산할 수 있게 해줍니다. 적립식으로 투자하시는 분이라면 조금 번거롭겠지만 적립 시점별로 기간을 나누어 따로 계산하면 됩니다. 이런 기준을 가지고 있다면 자산 배분 투자를

보통의 투자와는 조금 다른 시각으로 바라보는 데 도움이 됩니다. 무조건 높은 수익률을 추구해서 무조건 많이 벌어야겠다는 태도로는 접근하지 않을 테니 말입니다.

72의 법칙이 투자자에게 주는 교훈도 단순합니다. ▲복리로 투자하고, ▲일찍 시작하고, ▲오래 투자하라는 것입니다. 가치투자의 격언과도 많이 닮았습니다. 혹자는 수익률을 높여야 한다는 뜻도 담고 있지 않냐고 물을 수도 있습니다. 맞는 말입니다. 하지만 그건 마음대로 되는 것도 아니고, 일정 수준 이상의 절대 수익률을 원한다면 자산 배분 투자를 하면 안 되는 것이기 때문에 논외로 하고자 합니다.

72의 법칙의 응용으로는 114의 법칙과 144의 법칙도 있습니다. 이는 같은 조건에서 각각 원금이 3배 그리고 4배가 되는 기간 또는 연수익률을 구할 때 활용할 수 있습니다.

Part 2

자산 배분 투자 전
갖춰야 할 마인드 셋

율리우스 카이사르

Veni, Vidi, Vici

왔노라,
보았노라,
이겼노라

포트폴리오 이론

전설적인 투자자인 워런 버핏은 가치투자를 하기 위해 대단한 지적 능력은 필요 없다는 걸 강조한 바 있습니다. 더 자세히는 IQ 80 정도의 지능과 기본적인 사칙연산(덧셈, 뺄셈, 곱하기, 나누기)만 할 줄 알면 된다고 합니다. 제가 생각하기에 자산 배분 투자는 그보다 더 쉬운 것 같습니다. 먼저 자산 배분 투자를 하기로 마음을 먹은 상태에서, 어떤 자산군을 얼마만큼씩 담을 것인지에 대한 '결정'만 하면 거의 끝이라고 할 수 있습니다. 자산 배분 투자에는 정답이라는 것이 없는 데다가 내가 생각하는 자산 배분 비율별 투자 전략, 어떤 금융상품을 얼마만큼 사야 하는지에 대한 정보들은 이미 여기저기 충분히 공개되어 있습니다. 주식과 채권을 5:5로 할 것인가, 7:3으로 할 것인가 모두 다 맞는 전략이라는 뜻입니다. 금을 포트폴리오에 포함할 것인가 말 것인가도 마찬가지로 무엇을 결정하든 둘 다 맞습니다. 이제는 자산 배분 투자를 다루는 국내 도서뿐만 아니라 개인 투자 블로그 등 정보 소스도 많습니다. 여기에 영어로 구글링을 해서 약간의 해외 정보도 얻을 수 있으면 금상첨화입니다. 자산 배분 투자는 이미 이론과 실증이 충분히 있고, 미국에서는 학문의 한 분야로 자리 잡기까지 했습니다. 그러니 의심하지 않고 내가 고른 어떤 전략을 꾸준히 따라만 한다면, 결국에는 일정 정도의 성과를 충분히 거둘 수 있을 거라고 확신합니다. 그런데 제가 자산 배분 투자를 다른 누군가에게 권한다면, 가장 먼저 전하고 싶은 포인트는 크게 두 가지입니다. '모두가 해야 하는 투자법'이자 '모두가 할 수 있는 투자는 아니다'라는 것입니다. 왜 그럴까요?

자산 배분 투자의 6 법칙

고대 로마제국의 초대 황제였던 율리우스 카이사르는 《갈리아 전기》 등을 쓴 명문장가로도 유명합니다. 그는 이런 말을 남겼습니다.

"문장은 단어의 선택으로 결정된다. 평소에 쓰지 않는 말이나 동료들끼리만 통하는 용어는 배가 암초를 피하듯 피해야 한다."

앞서 제가 "그러니 의심하지 않고 내가 고른 어떤 전략을 꾸준히 따라만 한다면, 결국에는 일정 정도의 성과를 충분히 거둘 수 있을 거라고 확신합니다."라는 말을 꺼냈습니다. 이 문장에서만큼은 단어를 정말 신중하게 골랐습니다. 다만 문장 자체로 바로 납득이 될 만큼 선명한 의미를 가진 단어를 골랐는지는 잘 모르겠습니다. 그래도 원래 투자란 그런 것이고, 자산 배분 투자도 이런 불확실성은 어느 정도 안고 있다는 의미로 받아들여 주셨으면 합니다. 이 문장에서 가장 핵심적인 구절은 총 여섯 가지로, 각 구절이 지닌 요점에 대해 자세히 살펴보겠습니다.

① 의심하지 않고

자산 배분 투자가 성과를 보이는 데는 어느 정도 시간이 필요합니다. 투자 기간이 길면 길수록 좋습니다. 투자수익률이 높아질 뿐더러, 손해를 볼 확률도 줄어들기 때문입니다. 보통 어떤 전략의 수익률은 통상적으로 최소 3~4년 정도를 따집니다. 이를 바꿔 말하면 1~2년 정도의 특정 구간을 잘라서 따져 보면 손실이 날 수도 있다는 뜻이기도 합니다. 그럴 때 본인이 선택한 전략에 대해 '의심'을 하고 해당 포트폴리오를 유지하지 못하면 손실을 볼 수도 있습니다.

② 어떤 전략

자산 배분 투자에서 전략이란 결국 어떤 자산'군'을 어떤 비중으로 담을 것인지에 대한 결정입니다. 이는 투자 실행을 하기 전에 결정되어 있어야 합니다. 그리고 실행하는 동안은 선택한 전략에서 정해진 비율은 바꾸지 않는 것을 원칙으로 합니다. 만약 바꾸고자 할 때는 전체 포트폴리오를 전부 현금으로 바꾼 다음에 전략 자체를 바꿔야 합니다.

③ 꾸준히

충분히 긴 기간을 뜻합니다. 이는 내가 선택한 하나의 전략에도 해당되는 말이고, 자산 배분 투자를 실행하는 전체 투자 기간을 의미하기도 합니다.

④ 결국에는

어떤 자산을 매수해서 일정 기간 보유했다가 계획한 또는 만족스러울 만한 수익을 얻고 매도하면 끝났다고 할 수 있는 일반적인 투자 사이클과는 달리, 자산 배분 투자는 기본적으로 끝나는 시점에 대한 정의가 없다고 할 수 있습니다. 연금 계좌로 하는 자산 배분 투자는 더더욱 그렇습니다. 전체 투자 금액이 고갈되지 않는 범위 내에서 마르지 않는 현금 흐름을 추구하기 때문입니다. 다만 목적상 한 가지 반환점은 있다고 할 수 있는데, 이는 내가 연금을 개시해서 일정 금액을 주기적으로 계좌에서 인출하게 되는 시점일 것입니다. 연금저축에서는 만 55세, IRP나 퇴직연금은 퇴직(혹은 퇴사) 이후를 의미하기도 합니다.

⑤ 일정 정도의 성과

자산 배분을 통해 기대할 수 있는 수익률의 범위는 대략적 4~8% 수준입니다. 이 이상의 수익률도 불가능한 것은 아니지만, 그러면 자산 배분 투자를 해야 할 당위성이 많이 희석됩니다. 더 낮은 수익률(연 1~4% 정도)로도 괜찮다면 리스크(변동성)가 훨씬 낮은 다른 자산을 사면 되지만, 더 높은 수익률을 원한다면 수익률과 리스크의 관계가 깨질 수도 있습니다. 그리고 높고 낮은 수익률의 기준은 기준금리에 따라서도 얼마든지 바뀔 수 있습니다. 확실한 것은 수익률 4~8% 범위 밖이라면 어느 쪽이든 리스크 대비 수익률의 관점에서 자산 배분 투자를 할 필요가 없을 수도 있다는 것입니다.

⑥ 충분히

총 투자 기간에 걸쳐 평균적으로 내가 기대한 수익률을 거둘 확률을 의미합니다. 역시 길면 길수록 좋습니다.

바로 이 점들 때문에 사람들은 자산 배분 투자를 선뜻 결심하지 못하거나 시도했다고 하더라도 오래 지속하지 못합니다.

결국은 '나'를 위한 것

자산 배분 투자를 하는 동안에도 심리적 불안은 비일비재하게 일어납니다. 변동성을 피해 안정적인 투자를 선택했음에도 불구하고, 그 변동성 자체만을 따지고 드는 태도는 쉽게 변하는 것이 아닙니다. 오히려 자산 배분 투자를 함으로써 작아진 변동성을 자꾸 관찰하면서 '민감도'만 더 높아지는 사람도 보았습니다. 작은 변화를 더 크게 받아들이게 되는 것이지요. 그런다고 해서 요리사나 연주자처럼 자기 분야에 유용하게 활용할 수도 없는데 말입니다. 이래서는 포트폴리오를 유지하면서 짧게는 3~4년, 길게는 연금을 받기까지 전체 투자 기간인 15~30년을 제대로 견딜 수 있을까 싶습니다. 오랜 기간 유지하는 것 자체가 성공과 실패의 전부라고 할 수 있는 투자 방법에 있어서도 개별 종목을 투자할 때와 똑같은 모습을 보이니 안타까운 것이지요.

주변에 이런 사람들이 꽤 많습니다. 시쳇말로 투자에서도 도파민 과잉인 상황입니다. 제 느낌으로는 우선 지난 몇 년간 개별 종목 주식투자가 대중화되면서 한 차례 크게 늘어났고, 특히 변동성이 큰 레버리지 ETF, 가상화폐 등에 대한 투자가 쉬워지면서 더 심해진 것 같습니다.

투자를 할 때는 투자와 관련된 결정을 하고 이를 실행하는 주체인 '나'를 돌아보는 것이 필요합니다. 어떤 전략으로, 언제, 무슨 자산 또는 종목에 얼마를 투자하든 간에 말입니다. 혹자는 소액이라, 혹은 인센티브로 받은 돈이라 잃어도 상관없다고 합니다. 저는 수입이나 소비를 위한 돈에 꼬리표를 붙이는 건 맞을 수 있어도, 투자에서는 돈에 꼬리표를 붙이는 데 반대합니다. 애당초 잃어도 되는 돈이라는 건 없는 겁니다.

나를 돌아본다는 행위가 투자 성공에 있어 필수라고까지 할 수는 없습니다. 이러한 성찰 없이도 투자에 성공하는 분들이 있을 겁니다. 한두 번 소수의 강력한 투자 결정으로 인해 어마어마한 수익을 내고, 더는 위험한 투자를 하지 않는 분들 말입니다. 하지만 오랜 기간에 걸쳐 여러 번 투자 결정을 해야 하는 투자자라면 '나'를 돌아보지 않을 수가 없습니다. 많은 시행 횟수라는 건 결국 잘못된 결정, 즉 손실의 위험도 함께 늘어난다는 것을 의미하고 대부분 잘못된 결정을 하는 것은 다름 아닌 '나'이기 때문입니다. 앞서 언급했지만, 2020년 코로나19 팬데믹과 같은 천재지변으로 인한 예외적인 급락에는 오히려 빠르게 회복하기도 합니다. 따라서 나를 알고, 이때를 잘 버티는 것이 중요합니다. 그냥 억지로가 아니라 알고 버텨야 한다는 뜻입니다.

그런 의미에서 앞의 6개 구절들은 마치 프리즘을 통과한 빛이 굴절되고 분절되는 것처럼 여러 모습을 동시에 담고 있습니다. 내 목적에 따라 조금씩 다르게 다가올 뿐입니다. 자산 배분 투자의 핵심 요소가 되기도 하고, 자산 배분 투자를 유지하기 어려운 이유가 되기도 합니다. 저는 지금까지 이 점을 설명한 것입니다. 그리고 이 여섯 가지 조건은 내가 자산 배분 투자를 잘할 수 있는 사람인지 판단하고자 할 때 짚어 봐야 할 요소이기도 합니다. 이 기준에 맞춰서 나름대로 질문을 만들고 스스로에게 던져 보는 것이지요. 자산 배분 투자 결정을 하기에 앞서서든 투자 도중이든 상관없습니다. 어차피 투자에서 유혹과 장애물은 차고 넘치며 수시로 들이닥칩니다.

다음 표는 지금까지의 내용을 정리한 것입니다. 여기서 제안한 질문에 모두 답을 내리지 못한다고 할지라도, 우선은 시도해 보라고 말하고 싶습니다. 자산 배분 투자가 보통 사람은 결코 넘지 못할 장애물임을 과시하고자 쓴 게 아닙니다. 오히려 그 반대입니다. 자산 배분 투자 방법에 대해 설명하면 오히려 너무 쉽게 생각하는 분들이 많아 생각하는 것만큼 쉽지 않다는 걸 강조하고 싶었을 뿐입니다. 처음에는 아무 생각이 없었다가도 지속하다 보면 언젠가는 나만의 질문과 답을 찾을 수도 있습니다. 가능하면 더 나아가 자신만의 질문을 만들어 보기를 바랍니다.

	요소	뜻	질문
①	의심하지 않고	투자 전략 실행 기간	• 자산 배분 전략을 신중하게 골랐는가? • 최소 3~4년을 유지할 자신이 있는가?
②	어떤 전략	전략 선택	• 주식과 채권을 어떤 비중으로 보유할 것인가? • 정해진 자산군별 보유 비율을 지킬 수 있나?
③	꾸준히	자산 배분 투자 기간	• 적어도 만 55세까지 유지할 결심이 섰는가? • 다른 자산의 고수익을 참을 수 있나?
④	결국에는	리밸런싱	• 자산 배분 투자는 끝이 없음을 이해했는가? • 기계적으로 수익이 난 자산은 팔고, 손실이 난 자산은 더 살 수 있는가?
⑤	일정 정도의 성과	연 4~8%의 기대수익률	• 내가 추구하는 기대수익률은 얼마인가? • 그 기대수익률이 내가 필요한 현금 흐름을 충분히 만들어 낼 수 있는가?
⑥	충분히	총 투자 기간 수익 확률	• 한두 해의 손실을 감내할 수 있는가? • 장기적으로는 수익이 난다는 믿음이 있는가?

자산 배분 투자를 설명하는 핵심 요소

자산 배분 투자도 결국은 투자이기 때문에 보통의 투자에서 강조하고 있는 요소들이 매우 중요합니다. 내 투자금을 크게 불리기 위해서는 어떻게 해야 할까요? 딱 세 가지 방법밖에는 없는 것 같습니다.

- 애당초 많은 돈을 투자한다 (원금)
- 높은 수익률을 거둔다 (수익률)
- 오랜 기간 수익을 낸다 (시간)

누군가는 빚(레버리지)을 내서 투자한다는 방법이 있다고 할지 모르겠습니다. 어차피 이는 결국 투자원금에 대한 것이니, 크게 첫 번째에 포함하기로 합니다. 사실 저는 자산 배분 투자를 하기 위해 빚을 낼 필요는 없다고 생각합니다. 비용 대비 수익만 따져 봐도 그렇습니다. 예를 들어, 비교적 우량한 직장인의 신용대출 금리가 약 4.5~6.5%라고 가정을 합니다. 자산 배분 투자를 통해 거둘 수 있는 수익은 4.0~8.0% 정도입니다. 그렇다면 이 둘을 단순 비교해 봐도 수익을 내기 쉽지 않습니다. 내 대출금리와 투자 전략의 기대수익률 등에 따라서는 확정적으로 손실이 날 수도 있습니다. 여기 추가로 고려해야 할 것이 매매 비용, 투자수익에 발생하는 각종 세금, 그리고 원금 손실 위험이 있는 금융상품을 투자할 때 통상적으로 가산해야 하는 '리스크 프리미엄'[12] 등입니다. 리스크 프리미엄을 2.0% 정도라고 본다면 이런 차이는 더 벌어집니다.

그래서 앞의 세 가지 조건 중에서 첫 번째 원금 조건이 가장 갖추기 어려울지도 모릅니다. 돈 자체를 많이 모으지 못했을 수도 있고, 부동산을 비롯한 다른 자산에 이미 크게 투자하고 있어 추가적인 여력이 없을 수도 있습니다. 여기서 일단 직장 퇴직금은 예외로 합니다. 그다음인 두 번째 수익률 조건은 자산 배분 투자 자체의 한계라고 하겠습니다. 연 4.0~8.0%의 수익률은 결코 무시할 수 없는 수준이지만, 그 자체로는 높다고 할 수는 없습니다. 그러면 딱 하나가 남습니다. 바로 시간 입니다. 자산 배분 투자는 기본적으로 세 번째 투자 기간, 즉 시간 조건으로 승부를 봐야 하는 것입니다. 이것이 A이자 Z입니다. 저는 이를 실천하기 제일 좋은 연령대가 30대 초반부터 40대 중반 정도까지라고 봅니다. 투자 기간으로 따지면 약 10~25년을 예상할 수 있습니다.

범위 밖 연령대의 분들을 차별하고 배제하고자 이런 구분을 한 것은 아닙니다. 오히려 현실적인 이유가 있습니다. 20대를 제

[12] 투자에서 원금 손실을 감내함으로써 응당 기대할 수 있는 추가적인 수익률을 뜻한다. 보통은 국채나 예·적금의 수익률 대비 +@로 표현하며, 이러한 리스크 프리미엄은 투자하려는 자산군마다 다르다.

외한 건 자산 배분 투자에 돈을 할당할 여유가 없음을 인정하기 때문입니다. 요즘에도 여전히 빠르게 사회 진출을 한다면 20대 중후반에 첫 직장을 잡는 사람도 있을 줄 압니다. 그런데 사회 초년생 시절에는 저축할 여력이 없습니다. 예·적금을 중간에 깨지 않고 지켜낼 수 있으면 100점이라고 생각합니다. 저 역시도 직장생활 4년 차에 대리로 승진을 하고 나서야 주식투자도 할 수 있었고, 연금 계좌에 돈을 납입할 수 있었습니다. 또한 이 시기에는 사회에 첫걸음을 내디딘 성인으로서 발생할 수 있는 여러 상황에 대비하여 유동성을 확보해 가면서 돈을 모으는 것이 무엇보다 중요합니다. 그 용도는 전월세 보증금일 수도 있고, 결혼자금일 수도 있고, 가족에게 들이는 돈일 수도 있습니다.

자산 배분 투자에 넣는 돈은 충분히 오래 묶여야 하는 돈입니다. 연금 계좌 중 하나인 연금저축을 예로 들어 취직 시점과 만 55세(연금저축 개시 나이) 사이를 가정하면 20년 이상 묶여야 하는 자금입니다. 중도 인출이 불가능한 건 아니지만 비상시에 쓸 수 있는 자금도 아닙니다. 무리하게 한다면 아무리 돈을 잘 버는 회사라 할지라도 잠깐의 빚을 막지 못해 부도가 나는 '흑자도산' 상황에 처하는 일이 개인에게도 벌어질 수 있습니다.

40대 이후의 나이를 제외한 이유는 투자를 할 수 있는 절대적인 기간이 너무 짧다고 보기 때문입니다. 시간의 미덕으로 승부해야 하는 자산 배분 투자의 효과가 크게 상쇄될 수밖에 없습니다. 투자에서 복리의 효과를 바탕으로 적정 기대수익률과 투자기간 사이의 관계를 나타내는 '72의 법칙'이 있습니다. 이는 투자원금이 2배가 되는 수익률과 기간을 계산할 때 유용하게 쓰이는데, 자산 배분의 기대수익률 범위를 예로 들었을 때 연 7.2%의 수익률이라도 10년, 8.0%의 수익률이라고 해도 9년이 필요합니다. 이 이상으로 시간을 단축하고자 한다면 무리해야 합니다. 물론 그렇다고 해서 자산 배분 투자를 '하면 안 된다'는 건 절대 아닙니다. 제대로 하더라도 짧은 기간 탓에 만족할 만한 성과를 얻기 힘들 수도 있다는 걱정 정도로 받아들여 주시기 바랍니다.

우스운 금액 30억?

우리나라 사람들은 과연 어느 정도의 재산과 소득을 가지고 있을까요? 이에 대해 가장 공신력 있는 통계는 통계청의 '가계금융복지조사'입니다. 가계금융복지조사는 우리나라 사람들의 재산 상태에 대한 정보 중에서 자산, 부채, 소득 등의 규모, 구성 및 분포와 미시적 재무건전성을 파악하여 사회 및 금융 관련 정책과 연구에 활용하는 것을 목적으로 합니다. 1년 단위로 발표하는 통계로, 3월~4월에 걸쳐 면접과 인터넷을 통해 조사하고 12월에 발표합니다. 조사 항목은 가구 구성(가구주 및 가구원), 자산(실물자산, 금융자산, 금융자산 운용, 부동산 운용), 부채(금융부채, 부채 상환 능력), 소득, 가계지출(경상 이전 지출, 주요 지출), 노후생활, 기타 등 입니다.

2023년 자료를 살펴보면, 3월 말을 기준으로 우리나라 가구의 평균 자산은 5억 2,727만 원, 부채는 9,186만 원, 순자산은 4억 3,540만 원입니다. 전체 가구의 57.4%가 3억 원 미만의 순자산을 보유하며, 10억 원 이상인 가구는 10.3%입니다.

이건 평균값이라 상위 10%만 해도 평균의 2배 수준이며, 그 위로는 더더욱 높을 것입니다. 10등 중 5등에 해당하는 중간값도 살펴봐야 합니다. 10 단위로 나눈 분위별 경곗값을 보면 50%의 순자산은 2.39억입니다. 평균과는 좀 차이가 있습니다. 2023년은 전년도에 비해 줄어든 점도 눈에 띕니다.

이 숫자를 볼 때 반드시 머릿속에 새겨야 하는 몇 가지 조건이 있습니다. '부동산을 포함한', '가구 기준의', '순자산(부채 제외)' 이라는 점입니다.

가계금융복지조사에서 보여주는 가구의 순자산 통계는 자산 배분 투자의 목표를 정할 때도 유용합니다. 현실적인 목표를 세울 수 있기 때문입니다. 이를 목표로 역계산하여 어렴풋하게나마 목표치를 가지는 것은 투자를 하는 데 큰 도움이 됩니다. 물론 목표치를 설정하는 방법은 사람마다 다릅니다. 종잣돈의 규모가 충분하거나 목표 금액이 높지 않은 분들은 아마 기간 대비 달성해야 할 기대수익률을 구하려 할 것입니다. 반면 보통은 내가 감내할 수 있는 최대 변동 폭을 기준으로 전략을 고른 다음, 그 전략을 특정 나이대까지 유지했을 때 모을 수 있는 금액을 계산할 것입니다. 이 금액이 나의 목표 금액을 넘어서면 좋은 것이지만, 아니라면 무엇을 더 해야 할지에 대한 정보를 제공해 줄 수 있습니다. 수익률이 더 높은 전략으로 바꿔야겠다든지, 적립원금을 높여야 한다는 식으로 말입니다. 자산 배분 투자의 목표에서도 놓지 말아야 할 밧줄이 필요한데 이것이 바로 기대수익률과 목표 금액입니다.

그런데 인생 재무 목표 역시 어느 정도 나이가 들고 사회 경험이 쌓여야 구체화 되는 부분이 있기도 합니다. 장기적인 재무 목표를 세운다는 건 기본적으로 비용, 기간, 기대, 그리고 자제력의 집합체입니다. 젊은 시절에는 모든 것이 불확실하거나 충분하지 않습니다. 20대 후반이나 30대 초반의 저를 돌아보면 저 역시도 '무조건' 혹은 '최대한' 많은 돈을 모으기를 희망했습니다. 오히려 그 희망의 크기는 더 컸습니다. 혹시나 하고 있는 투자(종목)가 잘된다면 한 번쯤은 억대의 슈퍼카를 가져 보거나, 한강 조망이 보이는 아파트에 살아볼 수 있을지도 모른다는 생각을 정말 많이 했습니다. 하지만 이건 복권 1등 당첨을 바라는 것과 크게 다르지 않습니다. 배당주 투자를 해온 지난 10년간 이런 행운이 없었다는 점입니다. 그러던 어느 날 지금까지 없었으면 앞으로도 없을 것 같다는 생각이 불현듯 찾아왔습니다. 앞으로 10년의 투자는 지금까지의 10년과는 또 달라야 한다는 게 결론이었습니다.

시간이 흘러서 얻은 것이 있다면 약간의 시드머니와 돈 액수에 대한 개념입니다. 얼마 지나지 않아 '현실적으로 얼마의 자산을 가질 수 있으면 좋겠다'는 식으로 목표가 구체화 되어 갔습니다. 그 사이 현업에서 은퇴하고 모아 놓은 자산으로 현명하게 노후생활을 이어 가는 부모님을 지켜보는 것도 그림을 더 선명하게 그리는 데 도움이 되었습니다. 이건 저와 비슷한 나이대의 지인들도 비슷한 것 같습니다. 그래서 3040이 자산 배분 투자에 필요한 마인드 셋을 갖추기에 최적인 시점이라 할 수 있습니다. 커리어도 챙기면서 돈을 한 푼 두 푼 모으기 바쁜 사회 초년생 시점에서는 이런 것이 잘 보이지 않습니다.

이렇게 보면 연 4~8%의 기대수익률이 그 자체로 낮은 수익률은 아닐뿐더러, 평생에 걸쳐 필요한 재무 목표를 달성하는 데 있어서도 충분한 수익률이라는 점에 공감할 것입니다. 한 가지 더 희망적인 이야기를 하자면, 평균적인 성과를 아주 오랜 기간 유지하면 그 투자 성과는 결코 평범하지 않다는 점입니다. 앞서 3040의 투자 기간을 10~25년 정도로 가정한다고 했습니다. 그럼 '72의 법칙'을 가지고 단순히 따져 보기만 해도 6%인 경우 10년이면, 초기투자금의 가치만 약 1.7배, 15년이면 2.5배, 20년이면 3.3배, 25년이면 4.2배가 됩니다. 이를 가지고 각자의 시나리오를 계산해 본다면, 앞서 언급했던 우리나라 가계의 평균적인 실질 순자산 규모에 대비해 절대 적지 않은 금액이 나오게 됩니다. 가장 보수적인 수익률의 자산 배분 투자만으로 이를 상회하는 수준을 달성할 수 있다는 걸 알게 된다면 다른 투자도 좀 더 여유를 가지고 할 수 있게 됩니다. 다른 저축과 투자금, 부동산, 배우자의 맞벌이 소득, 부모님에게 증여받은 재산 등은 리스크가 크더라도 좀 더 높은 수익률을 기대할 수 있거나 초장기간 투자해야 하는 자산 등에 할애할 수 있는 것입니다.

세액공제 한도 이상의 금액을 연금 계좌에 넣고자 한다면?

흔히 부자가 되는 격언 같은 걸 보면 돈은 액수에 상관없이 다 소중하니, 돈에는 꼬리표를 붙이지 말라고 합니다. 돈을 벌고 (Income) 모으고(Save) 쓸 때(Spend)는 맞는 말이라고 생각합니다. 하지만 연금 계좌에 돈을 적립할 때는 다릅니다. 여러분이 연금 계좌에 넣은 돈은 분명 꼬리표가 붙습니다. 납입액에 대해서 세액공제 혜택을 받았는지에 따라서 말입니다. 그리고 이 꼬리표는 연금 형태로 계좌 내 납입금을 모두 인출할 때까지 사라지지 않습니다. 꼬리표가 중요한 이유는 이것이 인출 순서와 중도금 인출 세율을 결정하기 때문입니다. IRP를 기준으로 보면 여기 적립된 금액의 원천은 크게 네 가지로 분류할 수 있습니다.

① 직장 퇴직연금이 이전된 돈

② 근로자 직접 적립금 중 세액공제를 받은 돈

③ 근로자 직접 적립금 중 세액공제를 받지 않은 돈

④ 운용 수익

이 돈들이 만약 1개의 IRP 계좌에 있다면 인출 순서가 있습니다. 기본적으로는 중도금으로 인출하든 연금으로 인출하든 '과세 부담이 적은 순서'라고 보면 됩니다. 보통 ③-①-②+④ 순서입니다.

문제는 이 기준(순서)이 본인에게 '불리하게' 작용할 수도 있다는 점입니다. 예를 들어 내가 연금으로 일부 수령하다가 나중에 피치 못할 사정으로 일시금으로 받고자 할 때입니다. 매수 가능 ETF가 제한적이거나 위험 자산 투자 비중이 70%로 제한된 것처럼 IRP는 굉장히 보수적인 계좌입니다. 이 때문에 환매 조건도 비슷한 연금 계좌인 연금저축펀드에 비해 더 까다롭습니다.

이런 이유로 적립하는 사람의 입장에서는 납입하는 금액의 성격에 따라 IRP 계좌를 여러 개로 나누어 운용할 수도 있습니다. IRP는 금융 기관별로 1개씩 여러 개의 계좌를 만들 수 있다는 점을 활용한 것입니다. 저는 3개로 나누어 놓았습니다.

사회 초년생 시절 흔히 말하는 예·적금 통장 쪼개기와 같습니다. 만약 내가 1개의 계좌에 월 100만 원씩 적금한다면 여러

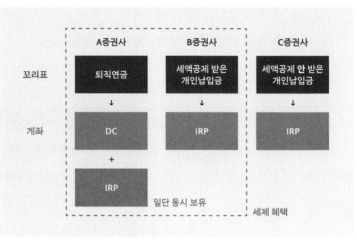

	A증권사	B증권사	C증권사
꼬리표	퇴직연금	세액공제 받은 개인납입금	세액공제 **안** 받은 개인납입금
계좌	DC	IRP	IRP
	+		
	IRP		
	일단 동시 보유		세제 혜택

납입자금 성격별 IRP 계좌 분리 예시

비상 상황에 대응하기 어려울 수 있습니다. 대신 30만 원, 30만 원, 40만 원을 3개 계좌로 쪼갠다면 일부 계좌에 대해 납입을 미루거나 해지하는 식으로 유연하게 대응이 가능합니다.

이런 IRP 쪼개기는 꼬리표 관리의 편의성 차원입니다. 나중에는 오히려 계좌를 하나로 통합하는 것이 관리가 더 편할 수 있고 세금이나 수수료에서의 이점도 있습니다. 이는 각자 적립 금액, 그에 따른 꼬리표, 투자 전략, 중도 해지 가능성 여부 등의 조건을 가지고 이용하는 계좌 증권사의 연금 담당자나 세무사 등 전문가와 상의하여 상황에 맞게 결정하는 편이 바람직합니다.

Part 3

세제 혜택 계좌로
안전하게 투자하기

벤저민 프랭클린 &
마크 트웨인

인생에서
죽음과 세금은
피할 수 없다

계좌, 이제 더 이상 헷갈리지 말자

사실 자산 배분 투자 자체가 알아야 할 게 그리 많지는 않습니다. 직접 투자를 하더라도 그렇고, 전문 자문 서비스에 맡긴다면 더욱 그러할 것입니다. 이런 '심심함'에서 오는 일종의 불안이 자산 배분 투자자의 유일한 적이자 최고의 심리적 장애 요인이라고 해야 할 정도입니다. 저는 이를 빨래와 비슷하다고 생각합니다. 초기 세팅은 좀 필요하지만, 정작 중요한 세탁은 세탁기가 정해진 작업 순서에 따라 알아서 진행하니까요. 중간에 세탁기가 고장 나거나 어디가 막힌 것이 아니라면, 결과물은 내가 항상 봐오고 또 기대하던 깨끗한 세탁물입니다. 거름망을 닦거나 세탁조를 청소해야 하는 건 아주 가끔입니다(자산 배분 투자에서는 리밸런싱에 해당합니다). 일상적인 세탁 과정이 끝나면 세탁물을 꺼내 널거나 건조기에 넣으면 될 텐데, 이건 투자 원금과 수익금을 연금의 형태로 조금씩 인출하는 것에 비유할 수 있습니다. 단, 이 시점은 최소 10년 뒤가 되겠습니다. 그래서 일단 시작하는 것, 그리고 가능하면 일찍 하는 것이 중요하다고 하는 것입니다.

자산 배분 투자는 지금이라도 당장 시작하시면 됩니다. 그리고 그 기간을 늘리는 것입니다. 여기서 '일찍'은 시작점이고, '오래'란 종착점을 뜻합니다. 우리가 자산 배분 투자를 할 수 있는 계좌는 크게 5개로 구분할 수 있습니다.

① 일반 증권 계좌
② 퇴직연금 DC 계좌
③ 연금저축 계좌(연금저축)
④ 개인형 퇴직연금제도 계좌
    (IRP, Individual Retirement Pension)
⑤ 개인 종합자산관리 계좌
    (ISA, Individual Savings Account)

이 중에서도 연금저축, IRP, ISA 계좌에서 자산 배분 투자를 하는 방법에 대해서 설명하겠습니다. 자산 배분 투자는 투자 '방법'이기 때문에 원하신다면 어떤 계좌에서도 얼마든지 적용이 가능합니다.

구분	확정급여형(DB)	확정기여형(DC)	개인형IRP	합계
금액	205.3	101.4	75.6	382.3
비중	53.7	26.5	19.8	100

퇴직연금 제도유형별 적립 규모와 비중 (단위: 조 원, %)

출처: 2023년도 퇴직연금 적립금 운용현황 통계, 고용노동부

　　연금저축, IRP, ISA로 먼저 시작해야 하는 이유는 바로 세액공제(납입금)와 세제 혜택(수익금)이 있기 때문입니다. 일반 계좌에서 투자한다면 세액공제는 없으며, 계좌에서 투자하여 실현한 수익금에 대해 각종 세금(양도소득세 또는 배당소득세)을 내게 됩니다. 그러나 세제 혜택 계좌에는 세금 면제 또는 세금 납부를 연기하는 이연 효과가 있습니다. 별거 아닌 것 같지만, 일반 계좌와 세제 혜택 계좌의 수익률을 비교하면 같은 포트폴리오로 같은 매매를 한다고 해도 연 0.8~1.0% 정도까지 수익률 차이가 발생한다고 합니다. 그래서 당연히 연금자산 구축이 목적인 자산 배분 투자에서는 이 계좌에서 하는 것이 맞다고 보는 것입니다.

　　연금저축, IRP, ISA 이 세 가지 계좌를 '자산 배분 투자 3총사'라고 해보겠습니다.

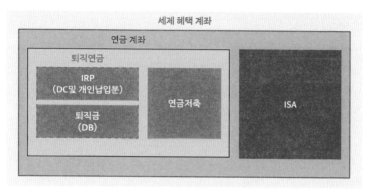

세제 혜택 계좌와 연금 계좌에 대한 구분

이 그림에 대해 가장 간단히 설명해 보겠습니다.

- · 세제 혜택 계좌에는 크게 ISA와 연금 계좌가 있다.
- · 연금 계좌는 연금저축과 IRP로 나뉜다.(DB와 DC는 논외)
- · ISA는 세제 혜택 계좌이지만, 연금 계좌는 아니다.

여기까지 이해가 잘 되었나요? 이들 3총사 중에서 ISA가 연금 계좌의 범주에 들어가지 않는 이유는 납입금에 대한 세액공제 혜택이 없기 때문입니다. 그리고 ISA는 애당초 최대한의 자산 증식을 위한 계좌이지, 국민 개개인의 연금자산 형성을 위해 만든 계좌는 아닙니다. 이를 다시 표로 정리해 보겠습니다.

사실 세제 혜택 계좌는 이것 말고 더 있습니다. 하지만 이런

구분1	구분2	원금 납입 한도	세제 혜택	세액공제
ISA		○	○	×
연금 계좌	연금저축	○	○	○
	IRP	○	○	○

세제 혜택 계좌와 연금 계좌에 대한 구분

상품(계좌)은 신규 가입이 안 되기 때문에 굳이 설명하지는 않겠습니다.

연금저축은 무조건 연금저축펀드

연금저축 계좌는 세 가지 종류가 있습니다. 연금저축신탁, 연금저축보험, 연금저축펀드가 그것입니다. 이 세 가지를 가장 쉽게 구별하는 기준은 어디서 가입하느냐와 계좌에 어떤 상품을 담을 수 있느냐의 차이입니다.

근데 여기서 중요한 점은 세제 혜택 계좌를 활용한 자산 배분 투자라는 것입니다. 연금저축신탁이나 연금저축보험을 만들게 되면 계좌에 살 수 없는 상품들이 대부분입니다. 이들은 안정적인 상품들을 제공하는 대신 제약이 많습니다. 그래서 우리는 증권사에 가서 연금저축펀드를 만들어야 합니다. 채권이나 예금

구분	어디서 가입하나?	어떤 상품을 '주로' 담나?
연금저축신탁	은행	안정적인 채권, 예금형 상품
연금저축보험	보험사	보험 상품 (ex 공시 이율형)
연금저축펀드	증권사	주식형을 포함한 다양한 상품

연금저축 계좌의 종류와 차이

뿐만 아니라 다양한 나라의 주식과 원자재(금 등), 그리고 부동산 자산을 쪼개서 파는 리츠(REITs)까지도 담을 수 있습니다. 이 책에서 언급할 연금저축은 연금저축'펀드'를 의미합니다.

먼저 연금저축은 국민 개인의 노후생활 보장 및 생활 안정을 목적으로 하는 장기 저축상품입니다. 납입액에 대한 세제 혜택과 운용 기간 동안의 운용 수익에 대한 과세 이연을 통해 은퇴 이후(만 55세 이후 & 5년 이상 가입) 연금으로 수령할 수 있습니다. 가입에 따르는 나이나 소득 제한도 없습니다.

IRP는 2005년 12월부터 시행된 '근로자퇴직급여 보장법' 내의 퇴직급여제도에서 규정하고 있는 계좌 중 하나입니다. 이를 통해 퇴직연금제도를 운영하는 사업장에서 발생한 퇴직금은 근로자가 퇴사(또는 퇴직)할 시에 반드시 IRP 계좌로 받아야 합니다. 근로자는 이후 일시금으로 인출(규모 및 근속 기간에 따라 퇴직소득세 발생)을 할지 IRP 계좌에서 계속 운용하다가 추후 연금으로 개시할지를 선택할 수 있습니다.

ISA는 한 계좌에 예·적금, 펀드, ELS 등 다양한 금융상품을 담아 운용하면서 손익통산 및 비과세(저율 분리과세) 혜택을 받을 수 있는 상품입니다. 과거 시행된 바 있는 재형저축과 소득공제 장기펀드의 보완책으로 마련된 제도이기도 합니다. ISA 계좌는 연간 및 총 납입 한도에 제한이 있는 데다가 통상 3년 정도를 유지해야 하는 등 일부 제약이 있지만 일정 기간 다양한 금융상품을 운용한 결과로 계좌 내 발생하는 이익 및 손실 통산 후 순이익에 세제 혜택을 부여하고 이를 또 분리 과세해 주기 때문에 같은 상품을 일반 계좌에서 운용하는 것보다 이점이 큽니다.

또한 ISA는 연금저축이나 IRP와 달리 가입자의 자격 요건(일반형, 서민형, 농어민)과 계좌 형태(신탁형, 일임형)에 따라 약간의 차이가 있습니다. 다만 내용이나 혜택이 크게 다르지는 않기 때문에 일반적인 사람이 가입하는 일반 신탁형 계좌를 기준으로 살펴보겠습니다.

앞서 언급한 계좌들의 주요 사항을 표로 정리하면 다음과 같습니다. 제가 생각하는 중요도순으로 정리한 것입니다. 가장 중요한 것은 계좌별 혜택입니다. 복수의 계좌를 서로 비교해 가면서 설명해 보겠습니다.

이 비교가 중요한 이유 첫 번째는 모든 계좌에 한도만큼 충분히 납입하기에는 우리의 저축액이 한정되어 있기 때문입니다.

구분	연금저축 (계좌)	IRP	ISA (일반, 신탁형 기준)
관할 부처	기획재정부	고용노동부	기획재정부
관련 법안	소득세법	근로자퇴직급여 보장법	소득세법
출시연도	2013년	2005년	2016년
목적	연금자산 형성	퇴직금 보호 및 연금자산 형성	자산 증식
가입 자격	제한 없음	소득이 있는 모든 취업자	만 19세 이상
만기	–	–	개설 시 설정 (연장 또는 재개설 가능)
납입 한도	연 1,800만 원 (IRP와 합산, 이월 없음)	연 1,800만 원 (연금저축과 합산, 이월 없음)	연 2,000만 원 / 총 1억 원 (이월 가능)
납입금 세액공제	최대 16.5%	최대 16.5%	해당 없음
세액공제 한도	연 600만 원 (IRP와 합산)	연 900만 원 (연금저축과 합산)	해당 없음
운용 수익 (차익, 이자, 배당 등)	과세 이연 (추후 연금소득세)	과세 이연 (추후 연금소득세)	이익–손실 통산 후 9.9% 분리과세 (만기 해지 시 납부)
혜택 조건	5년 이상 납입	5년 이상 납입	3년 이상 계좌 유지
연금 개시	만 55세	만 55세	해당 없음
복수계좌 가능 여부	가능(금융사별)	가능(금융사별)	불가능
특이 사항	–	위험 자산 투자 비중 70% 제한	만기 자금 연금 계좌 이전 시 추가 세액공제

세제 혜택 계좌 3총사 비교

두 번째는 이 계좌에 납입한 돈은 최소 3년(ISA)에서 길게는 만 55세가 될 때까지(연금저축, IRP) 묶이는 돈이기 때문입니다.

연금저축 VS IRP

먼저 연금저축과 IRP를 비교하면 연금저축이 압승입니다. 이는 가능한 연금저축에 세액공제 한도까지는 돈을 우선 납입하는 것이 좋다는 뜻입니다. 거의 모든 조건은 같은데, IRP는 위험 상품에 대한 투자 한도가 70%로 제한되어 있습니다. IRP는 퇴직금과 관련된 제도·계좌이기 때문에 이를 보호하기 위한 장치이리라 추측해 볼 수 있습니다.

이로 인해 웃지 못할 일이 일어나기도 합니다. 가장 대표적인 것은 IRP에서 미국 국채 ETF는 투자가 안 되는데, 회사채 ETF는 투자가 된다는 점입니다(2024년 8월 15일 기준). 우리나라에 상장된 미국 국채 ETF는 모두 ETF가 미국 국채를 직접 매수·보유하는 것이 아닌, 이에 대한 선물 계약을 기초 자산으로 ETF를 운용합니다. 그런데 회사채 ETF는 현물을 보유합니다. 단순히 현물이기에 안전하고 선물이기에 위험하다는 판단하에 발생한 일일까요?

구분	연금저축	IRP
납입 한도	동일(기본적으로 둘이 합산)	
납입금 세액공제	공제율 동일(기본적으로 둘이 합산)	
운용 수익	동일	
투자 가능 상품	뮤추얼펀드, ETF	뮤추얼펀드, ETF *일부 고위험, 파생 ETF는 제외
위험 상품 투자 한도	100%	70%

연금저축 계좌의 종류와 차이

IRP에서 발생하는 제약 중 하나인 위험 자산 투자 70% 한도는 주식 비중이 높은 자산 배분 전략 구사에 있어 제한을 받습니다. 이 위험 자산은 별도의 정의가 있는 것이 아닌 IRP에서 구분한 것이며, 거래하는 증권사의 시스템에 표시가 되어 나타나기 때문에 따로 찾아볼 필요는 없습니다.

이런 제약을 극복하기 위해서 당장은 2개 이상의 기초 자산으로 이루어진 ETF를 부분적으로나마 편입하는 수밖에 없는 상황입니다. 개인적으로 위험 상품 투자 한도는 대폭 완화 또는 폐지되었으면 하는 바람이 있습니다.

이 밖에 납입금액을 일시적인 사정으로 (부분)해지 또는 담보대출을 할 때도 연금저축이 IRP에 비해 좀 더 유연한 부분이 있습니다.

연금저축과 ISA의 비교에서는, 제 관점으로는 연금저축의 승리입니다. 자산 배분 투자로 장기 운용해서 나중에 연금으로 수령을 한다고 가정을 했을 때는 납입, 운용, 그리고 연금 수령상 혜택이 훨씬 더 크기 때문입니다.

ISA가 연금저축보다 나은 점은 연간 납입 한도가 자동 이월된다는 점(총액 한도 존재)과 ISA에서는 개별 주식도 투자가 가능하다는 점 정도인 것 같습니다.

제가 연금저축과 IRP를 비교하며 한쪽이 '압승'이라고 했던 것과는 달리, 연금저축과 ISA의 비교에서 어떤 것이 더 나은가 하는 질문에는 사람마다 다를 수 있습니다. 저는 처음에는 이 역시 무조건 연금저축이 낫다고 생각했습니다. 그런데 주변 지인들에게 세제 혜택 계좌에 대해서 비교하며 설명하니, 설명을 다 듣고서는 첫 계좌로 연금저축보다는 ISA에 관심을 보이는 사람들이 더 많은 것 아니겠습니까? 나중에 몇몇 지인들에게 그렇게 생각하는 이유를 물어보니, 바로 '유동성' 때문이었습니다. 납입한 돈이 잠기는 기간 말입니다.

연금저축은 기본적으로 세액공제를 받고 납입한 돈은 만 55세까지 빼지 않는 것이 좋습니다. 연금저축을 해지하게 되면,

구분	연금저축	ISA
납입 한도	세액공제 600만 원 포함 연간 최대 1,800만 원 (이월 불가)	연 최대 2,000만 원×5년 (미납일 연간 한도는 자동 이월)
납입금 세액공제	13.2 또는 16.5%	없음
운용 수익	과세 이연 (추후 연금 수령 시 연금소득세 3.3~5.5%)	9.9% (만기 시 손익 통산 분리과세)
투자 가능 상품	예금, 뮤추얼펀드, ETF 등	거의 다 가능 (개별 주식 포함)
위험 상품 투자 한도	100%	70%

연금저축과 ISA 비교

공제를 받은 납입금뿐만 아니라, 그 기간 발생한 수익금까지 더해서 16.5%의 기타소득세가 부과되기 때문입니다. 수익금이 조금이라도 있다면 세액공제받은 금액 이상을 토해 내는 셈입니다. 예를 들어 연금저축에 연 600만 원씩 3년 납입했고, 해지하려는 시점에서 총 100만 원의 수익이 났다고 하겠습니다. 세액공제율은 총급여액마다 조금 다릅니다. 연 5,500만 원 이하는 총 297만 원(납입액의 16.5%×3년)을 받고, 5,500만 원 초과는 237만 6천 원(13.2%×3년)을 받습니다. 그러나 해지할 때는 1,900만 원(600만원×3년+100만 원)의 16.5%를 내게 됩니다.

ISA는 3년만 유지하면 정해진 세제 혜택을 받을 수 있습니다. 그것도 계좌 유지 조건인지라, 계좌를 만들기만 하고 실제

투자 원금은 납입을 하지 않아도 포함이 되는 기간입니다. 그래서 일단 계좌는 만들어 놓고, 내가 여유 있는 시점에 투자금을 납입해서 굴리다가 3년 이상이 지나면 내가 원하는 시점에 계좌를 해지하여 수익을 정산하고 계좌를 다시 만드는 방법을 많이 선호하는 것입니다. 이 과정에서 몇 가지 선택권이 주어지다 보니 자산 배분 포트폴리오 유지에 대한 부담이 확 줄어든다고 하는 사람도 있습니다. 따라서 연금저축과 ISA의 비교는 각자의 판단에 맡겨 두고자 합니다. ISA의 어떤 요소가 연금저축보다 더 매력적으로 다가올 수 있는지, 어떤 계좌가 더 내 상황에 유리한지를 판단해 보시기를 바랍니다.

연금저축	ISA
• 현금 흐름에 여유가 있어 유동성이나 환매에 대한 우려가 비교적 적은 사람 • 자산 배분 투자가 이미 익숙한 사람 • 계좌 2개를 모두 가입해서 ISA로는 개별 주식 등의 투자만 하려는 사람	• 세제 혜택 계좌에서의 자산 배분 투자가 처음인 사람 • 계좌를 3년 이상 유지할 자신이 없는 사람

연금저축이 유리한 사람 vs ISA가 유리한 사람

어떤 계좌에 얼마씩 납입할 것인가?

그럼 각각의 계좌에 얼마씩을 납입해야 할까요? 사실 이 부분은 정답이 없습니다. 각자의 재무 상황에 따라 결정하면 됩니다. 저축 가능한 총액을 먼저 따져 보고 이 중 어느 정도의 비중을 세제 혜택 계좌의 자산 배분 투자로 할당해야 할지를 결정해야 합니다. 이때 감안해야 할 것은 당연히 납입한 자금의 유동성입니다. 세제 혜택을 받기 위해 ISA는 최소 3년은 유지해야 하며, 연금 계좌는 둘 다 최소 만 55세까지는 보유해야 합니다. 따라서 내가 저축 가능한 액수(또는 현금 흐름)에서 너무 많은 비중을 납입한다면 해지 압박을 받을 수 있습니다. 사실상 거의 제약이 없다고 할 수 있는 1년 단위 예·적금조차 만기까지 유지하지 못하는 사람의 비율이 적지 않으니 잘 따져야 합니다.

연금저축과 IRP에 각각 얼마씩 납입해야 하는지, 세액공제 최대한도(연 900만 원)로 납입이 가능하다고 가정해 설명해 보겠습니다. 우선 세액공제 조건을 따져 연금저축에 최대한도 금액을 넣고, 이후 여력이 되면 IRP에 넣는 것이 좋습니다. 연금저축과 IRP의 세액 공제 조건은 다음과 같습니다.

· 연금 계좌(연금저축, IRP)는 연간 900만 원 한도로 납입금에 대해

세액공제, 이월 안 됨

· 연금저축은 연간 600만 원 한도로 납입금에 대해서 세액공제

· IRP는 연간 900만 원 한도로 납입금에 대해서 세액공제,
  그 한도는 연금저축과 합산

세액공제를 목적으로 최대 금액을 매년 납입하고자 하는 투자자라면 연간 총 900만 원을 두 연금 계좌에 넣어야 합니다. 하지만 연금저축이 운용상 편의성이 더 큽니다. 그렇다면 옵션7처럼 일단 연금저축 계좌에 최대치를 납입하고, 남은 한도를 IRP에 넣는 것이 최적의 선택이 됩니다. 하지만 연간 얼마를 납입하느냐보다 중요한 건 일단 시작하는 것입니다. 계좌를 만들어 소액이라도 일정 금액을 매년 혹은 매달 납입 중이고, 이걸 자산 배분 투자로 굴리고 있다면 어떤 상황이 벌어지든 빠르게 대응할 수 있습니다. 그러다 보면 소득이 점차 늘어 연 납입액을 늘리거나, 퇴직연금을 DB에서 DC로 전환하거나, 아니면 일반 계좌에서도 자산 배분 투자로 조금씩 옮겨 갈 수도 있습니다.

구분	옵션1	옵션2	옵션3	옵션4	옵션5	옵션6	옵션7
연금저축	0	100	200	300	400	500	600
IRP	900	800	700	600	500	400	300

세액공제 한도 내에서 가능한 연금저축과 IRP 납입 예시 (단위: 만 원)

DB가 유리할까?
DC가 유리할까?

퇴직연금제도에 있어서 DB가 유리할까 DC가 유리할까는 급여소득자(직장인)의 풀리지 않는 과제입니다. 오죽하면 금융감독원에서도 이 문제에 대한 해설[13]을 한 적도 있을까요. 일단 고려해야 하는 요인들이 너무 많습니다. 그리고 대부분이 개인적인 요소입니다. 내가 직장에서 기대하는 임금 상승률, 승진 가능성, 잔여 재직 기간 등 직장 요인에 더해 내가 속한 업종의 중장기 업황, 그리고 나의 기대수익률 등 당장 떠오르는 것만 해도 이 정도입니다. 이건 사람마다 달라서 딱 잘라 답을 할 수가 없습니다. 여기에 더해 DB에서 DC로 한 번 전환을 하고 나면 현재 직장에서는 돌아갈 수 없는 '단 한 번의 결정'이라는 점도 전환을

[13] 금융감독원, [금융꿀팁 200선] <135> 퇴직연금 DB형.DC형 선택.전환 시 유의사항, 2022.11.22

망설이는 원인 중 하나가 됩니다.

그래도 지금까지는 어느 정도 '국룰'이 있었습니다. 내가 지금 직장에서의 근무 기간이 충분하고 승진 가능성이 '웬만큼' 있다면, 여기에 더해 대체로 투자에 큰 관심이 있는 게 아니라면 DB를 유지하는 것이 낫다는 정도의 컨센서스가 상당히 강했습니다. 그래서 금융감독원의 자료 결론도 ① 임금상승률과 운용수익률을 비교하여 선택하고, ② 임금피크제를 앞둔 근로자라면, 임금피크제가 적용되기 전에 전환하라는 정도의 조언을 하고 있습니다. 여기에 우리나라 사람들 특유의 금융상품에 대한 불신, IMF 같은 경제 위기에 대한 트라우마, 원금 보존 성향 등을 감안하면 대부분 퇴사 또는 임금피크제에 들어가기 전까지 그냥 DB를 유지하는 쪽으로 결론을 내기 쉬운 것 같습니다.

저는 개인적으로 입사 13년 차인 2023년 10월에 DC로 전환을 했습니다. 사실 전환해야 하지 않겠냐는 생각은 꽤 오래전인 2015년 정도부터 하고 있었는데, 그보다 8년이나 지난 시점에서 마침내 결정을 내린 것입니다.

저를 DC에 뛰어들게 한 요인은 무엇일까요? 바로 물가상승률이었습니다. 돌아보면 코로나19 팬데믹 직전까지의 2010년대는 초저물가의 시기였습니다. 물론 일부 조짐은 있었습니다. 그건 바로 최근 수십 년간 전 세계의 경제성장과 글로벌 공조 체계를 이끌어 오던 중국 생산 – 미국 소비 간 글로벌 공조화의 삐걱거림이었습니다. 중국은 2010년 들어 자신들의 대외정책, 특히 미국을 향한 태도를 도광양회[14]에서 전랑외교로 전환합니다. 그럼에도 두 나라 모두 경제 구조가 바뀐 것은 아니기 때문에 물가상승률은 가파르지 않았습니다. 이 시기에는 여러 경제학자 사이에서 미국을 비롯한 전 세계 경제가 대체로 인플레이션이냐 디플레이션 국면이냐 하는 논쟁이 분분했습니다. 스테그플레이션 같은 이야기도 돌고 있었습니다. 이후 미-중 무역분쟁이 촉발되었고, 베이징 올림픽이 있었으며, 크림반도 분쟁과 러시아와 우크라이나 사태가 있었습니다. 그 사이 중동 지역에서도 크고 작은 분쟁들이 많았고, 심지어는 중남미나 동남아의 일부 국가들조차 자국이 전 세계 시장에서 높은 공급 비중을 차지하고 있는 원자재나 제품들을 가지고 시장 흔들기를 주저하지 않았습니다.

이것이 제가 보는 2012년부터 지금까지의 세계 경제입니다. 돌아보면 이 시기의 핵심은 기준금리는 추세적으로 내리고 있었다는 것과 등락이 있다고는 해도 물가상승률은 전반적으로 높지 않았습니다. 따라서 임금 상승률과 연동된 DB의 낮은 수익률이 크게 아쉬울 정도는 아니었습니다. DB의 수익률에서 물가상

---

[14] 능력을 밖으로 드러내지 않고 인내하며 때를 기다린다는 뜻으로, 중국이 고도 발전을 시현하던 1980~2000년대 대미 외교 정책의 방향성이 되었다.

승률을 뺀 실질 수익률은 그래도 플러스를 유지하는 수준이었고, 이를 예·적금의 지표라고 할 수 있는 기준금리와 비교하면 크게 차이가 나지 않는다고 보았기 때문입니다. 이 와중에 현업이 바쁘고, 나이가 들면서 신경 써야 할 것이 많으니 DC로 전환하여 원금 손실 리스크의 부담까지는 지고 싶지 않았습니다.

그런데 코로나19 팬데믹이 삐걱거리던 글로벌 공조 체계에 기름을 부어 버립니다. 국제 경제 관점에서 이러한 흐름을 한마디로 요약하면 저는 이를 모든 것에 대한 '만성적인 비용 상승'으로 보고 있습니다. 글로벌화는 앞으로도 계속 진행될 것입니다. 국제무역이나 자본 그리고 인력의 이동도 계속해서 이어질 것입니다. 양적으로는 말입니다. 하지만 예전처럼 질적 발전까지 동반되면서 사회와 경제 전 분야에서 평균적으로 시너지를 내는 상황은 이제 끝났고 돌아오기 쉽지 않다고 봅니다.

그렇다면 인플레이션은 일정 수준 이상 이어질 텐데, 이는 연금자산에 있어 독과 같습니다. 그렇다고 제가 고속 성장하는 IT, 소재, 장비 분야에 종사하는 것도 아니기 때문에 높은 임금 상승률도 기대하기가 어렵게 되었습니다. 그러면 가장 먼저 해야 할 것은 리스크를 져서라도 제 연금자산의 실질 가치를 방어하는 일입니다. 그렇다면 퇴직금도 DC로 전환해서 자산 자산 배분으로 굴려야 한다고 판단한 것입니다. 좀 극단적인 비유일지 모르나 이건 흡사 인플레이션이라는 호랑이를 피해 절벽에서 뛰어내린 것과 같은 선택입니다. 가만히 있으면 위협을 받다 잡아먹힐 테지만, 뛰어내리면 살 수 있을지도 모르니까요.

Part 4

내 자산을 늘리는
자산 배분의 원칙

로버트 브라우닝

Less is More

단순한 것이
더 아름답다

포트폴리오 구성의 기본 단위: 자산(군)

자산이란 무엇일까요? 국립국어원에 따르면 자산이란 "개인이나 법인이 가지고 있는, 경제적 가치가 있는 재산" 또는 "번 돈을 모아 둔 것"이라고 합니다. 자산이라는 단어를 찾아보며 느낀 아쉬운 점은 이 단어가 그리 많이 쓰이지 않는다는 것입니다. 경영학이나 경제학을 잘 안다면 회계 용어로써의 자산(Asset)을 먼저 떠올리기도 합니다. 사실 이 의미가 더 구체적으로 다가옵니다.

자산이라는 의미가 우리 실생활에서 잘 쓰이지 않는 데 연장선상으로 '자산군'이라는 단어도 마찬가지입니다. 자산과 자산군은 그 차이가 모호할 수도 있습니다. 이 책에서는 자산과 자산군을 크게 구분하지 않고, 자산군을 '투자의 대상이 되는 자산의 집합체 또는 묶음'으로 정의해 보겠습니다.

'주식'이라는 자산의 위계를 가지고 자산과 자산군을 나눠

분류1	분류2	분류3	분류4		
			거래시장	업종	스타일
주식	선진국	미국	(생략)	(생략)	(생략)
		유럽	-	-	-
		일본	-	-	-
		기타 선진국	-	-	-
	신흥국	중국	-	-	-
		인도	-	-	-
		기타 신흥국	-	-	-
		대한민국	유가증권시장 코스닥 코넥스 장외시장	반도체, 기계 자동차, 조선 화학 화장품 등	밸류, 고배당, 배당성장 가치 저변동 중소형 등

자산(군)으로서 주식의 분류
참고: N-Pay 증권

보겠습니다. 일반적으로 분류하면 표와 같습니다.

여기서 자산과 자산군을 구분하는 기준은 내가 수행하려는 투자 전략의 최소 투자 단위가 무엇이냐에 따라 달라집니다. 예를 들어 일반적으로 자산 배분에서 주식 투자의 최소 단위는 '분류3'에 해당하는 '국가'입니다. 이런 관점에서 분류3은 자산이고, 분류1과 분류2는 자산군이라고 할 수 있을 것입니다. 다만 이러한 기준이 절대적인 것은 아닙니다. 이보다 윗단 혹은 아랫단의 분류 기준을 최소 단위로 삼으려는 사람들도 얼마든지 있을 수 있습니다. 자신은 특정 국가의 주식을 고르지 못하겠다거나 고르는 것이 의미가 없다고 생각하여 보다 포괄적인 기준으로 나누어 신흥국 주식과 선진국 주식으로만 나눠서 투자하려는 사람이 있을 수도 있습니다. 그런 사람에게는 분류2가 자산이고, 분류1이 자산군이라고 할 수 있습니다.

반대로 대한민국의 주식에 좀 더 높은 비중을 두고 투자하는데 유가증권시장(KOSPI)과 코스닥을 나누어 모두 담으려고 하는 사람도 있을 수 있습니다. 그런 사람에게는 분류4-1 거래시장이 자산이며, 분류1~3은 모두 자산군일 것입니다. 더 나아가 이런 유형의 사람들은 미국 주식을 편입함에 있어서도 S&P500과 나스닥(NASDAQ)을 나누어서 볼 가능성이 높습니다. 이렇듯 자산과 자산군을 정의하는 데 위계를 나누는 기준은 대체로 동일하지만, 범위나 기준점은 투자자가 추구하는 전략에 따라 통째로 이동할 수 있습니다.

자산과 자산군에 대해 분명한 시각을 갖는 것 자체는 투자 성과를 높이는 데 별로 도움이 되지 않을지도 모릅니다. 하지만 그 의미를 한 번 짚고 넘어간다면 자산을 배분하는 의미를 좀 더 확실하게 이해할 수 있다고 생각합니다. 투자 대상을 고를 때는 항상 자산(군)을 염두에 두고, 자산 배분에서 오는 리스크 경감과 자산 간의 상관관계를 통해 오는 장기적이고 안정적인 수익률은

주식	채권	부동산	원자재
선진국 미국 유럽 일본	**국채** 미국 한국 일본	**리츠(REITs)** 미국 한국 일본	원유 가스 금 은 귀금속
신흥국 한국 중국 인도	**회사채** 신용 등급별 발행 조건별 (옵션 등)	*상업용, 주거용, 물류, 데이터 센터, 인프라 등 **특수 목적 부동산**	비철금속 농산물 등

자산과 자산군

각 자산을 하나의 묶음으로 보고 처리하는 것이 가장 효율적입니다.

그럼 자산과 자산군에는 무엇이 있을까요? 이는 학계나 업계에서 규정하는 절대적인 기준은 아니고, 제가 자산 배분 전략을 짤 때 일반적으로 고려하는 구분 기준을 풀어쓴 것입니다.

채권의 경우 가장 먼저 보는 것이 발행 주체입니다. 크게 봤을 때 국가가 발행하는 국채, 그리고 회사가 발행하는 회사채가 있습니다. 이 밖에 은행이나 공공기관들도 각자의 채권을 발행합니다. 그다음으로 보는 것이 국가입니다. 미국, 우리나라, 일본 또는 중국으로 나뉩니다. 그리고 또 중요한 것은 채권의 기간입니다. 흔히, 장기, 중기, 단기채 등으로 구분을 하는데, 양극단에는 또 초단기채나 초장기채라는 단어로 더 세분화하기도 합니다.

주식은 가장 먼저 선진국이냐, 신흥국이냐입니다. 이 역시도 명확한 기준은 없습니다. 일부 지수 사업자들이 적당한 기준에 맞춰 선진국 지수, 신흥국 지수에 대한 기준을 제시하고 있기 때문에 나누기가 아주 어렵지는 않습니다. 이는 흔히 말하는 그 국가의 경제 수준에 더해 국방, 사회, 문화적인 요소들을 총체적으로 반영한 것이 아니라 단순히 투자자가 보는 자산시장을 의미하는 것이라고 봐야 합니다. 그런 의미에서 우리나라는 종합적인 의미에서는 이제 선진국이라는 의견이 지배적이지만, 자산, 특히 주식시장에 있어서는 부족한 점이 있는 것도 사실입니다.

선진국·신흥국 구분 다음으로는 국가를 봅니다. 그다음에는 상장시장별 지수 구분을 따릅니다. 앞서 언급했듯 미국은 일반시장과 나스닥이 있고, 우리나라는 코스피(KOSPI)와 코스닥(KOS-DAQ) 등이 있습니다.

부동산은 가장 먼저 국가로 분류합니다. '움직일 수 없는 자산'이라는 특성과 함께, 국가 단위로 이루어지는 등록, 개발, 그리고 세금 등의 문제가 있기 때문입니다. 그다음 용도를 구분합니다. 크게 봤을 때는 상업용과 주거용으로 나눌 수 있습니다. 주거용 건물이라고 하더라도 아파트, 빌라, 다세대주택, 오피스텔(일부) 등으로 나뉘는 것과 같습니다. 일반적으로 책정할 수 있는 임대료 수준은 입지(지역)나 면적에 더해 건물의 형태가 많은 부분을 결정하기 때문에 투자자 입장에서도 중요한 기준입니다.

원자재는 자산시장이라고 해서 일상적인 분류와 큰 차이는 없습니다. 먼저 물질적 특성을 반영해 화석연료, 금속, 농산물 등으로 분류를 하고 이를 다시 용도나 거래 단위로 구분합니다. 화석연료는 원유, 천연가스가 있습니다. 금속은 귀금속과 일반금속으로 나누는데 귀금속에는 금, 은 등이 있고, 일반금속에는 구리, 철광석, 알루미늄 등이 있습니다. 마지막으로 농산물은 쌀, 옥수수, 돼지고기, 커피, 콩 등 다양합니다.

종류와 분류 기준을 알았으니 배분하는 방법에 대해서 알아보도록 하겠습니다. 그 전에 자산과 자산군의 배분을 통해 '무엇을' 분산하려는 것인지에 대해서 설명해 보겠습니다. 크게 자산군, 국가(또는 통화), 투자 시점 이렇게 세 가지가 있습니다.

다행히 이 셋을 분산하는 것은 동시에 충족하기가 어렵지 않습니다. 그만큼 역사가 오래되어 이제는 하나의 학문 분야로써 이론으로 정립되어 있기 때문입니다. 몇 가지 반복적인 과정을 거쳐 일정 종류의 자산(군)을 편입하면 자동으로 완성할 수 있습니다. 이 과정을 끝까지 다 따라가다 보면 나만의 자산 배분 전략이 이미 만들어져 있을 것입니다.

자산(군) 편입에서 가장 먼저 고려해야 하는 건 채권과 주식입니다. 이 둘은 치킨의 양대산맥인 후라이드와 양념으로 비유할 수 있습니다. 이 두 자산을 먼저 고려하는 이유는 자산시장의 규모가 큰 만큼 접근도 쉽기 때문입니다(채권시장이 주식시장보다 큽니다). 한마디로 대중적입니다. 보통 자산시장에서 '대중적'이라는 말은 나쁜 의미보다는 좋은 의미가 더 많습니다. 더 많은 사람이, 적은 비용으로, 절차적으로도 쉽게, 많은 선택지를 가지고 투자할 수 있다는 의미이기 때문입니다. 투자에 필요한 정보를 더 풍부하게 얻을 수 있음은 물론입니다.

다른 한편으로는 해당 자산에 대한 이해가 부족한 사람들이 무분별하게 시장에 진입하여 거래를 반복하는 탓에 전반적인 시장의 분위기나 상품의 가격이 투기적으로 흐를 위험성도 있습니다. 하지만, 이는 어느 자산시장에서나 때때로 그리고 주기적으로 벌어지는 모습입니다. 건전한 구조를 갖춘 자산이라면, 그 자산의 시장은 결국 리스크를 극복하고 장기적으로 성장할 것이라고 보는 것이 합리적입니다.

지난 몇 년간 있었던 투자 환경의 변화 중 개인적으로 가장 고무적이었던 건 당연 채권 ETF 시장의 대중화였습니다. 이런

저런 이유로 자산 배분 투자라는 문 앞에서 오랫동안 들어갈까 말까 망설이고 있던 저를 자신 있게 한 발 내디딜 수 있게 해 준 결정적인 변화였습니다. 채권 ETF는 주식에 버금가는 주요 자산(군)임에도 불구하고, 개인투자자가 한정된 자금으로 투자하기가 매우 어려웠습니다. 대중성 또한 주식에 비해 비교가 불가능할 정도로 낮았습니다. 하지만 이제는 ETF를 통한다면 한 주당 1만~10만 원의 소액으로도 웬만한 종류의 국내외 채권에 모두 투자할 수 있게 되었습니다.

그럼 본격적으로 배분을 해보겠습니다. 일단 한국 주식과 한국 국채 두 가지로만 구성해 보겠습니다. 한국 주식은 시장이 큰 코스피로 하고, 한국 국채는 중간 기간인 10년으로 하겠습니다.

· 한국 주식 50% : 한국 국채 50%

이것만으로도 만족할 수만 있다면, 자산 배분은 끝났습니다. 이를 정해진 비율에 따라 장기간 적립식으로 투자한다면 이미 앞에서 이야기한 '분산의 대상' 세 가지 중 자산군과 투자 시점의 분산을 이미 달성한 것입니다. 실제로 이 정도의 간결한 자산 배분이면 충분하다고 이야기하기도 합니다. 가장 대표적인 것은 《탈무드》에 나오는 '투자 3분법'입니다.

투자 3분법은 요즘의 자산군으로 바꾸어 해석하면 부동산, 주식, 그리고 현금에 각각 3분의 1씩 나누어 투자하라는 의미로 받아들여집니다. 그 자체로는 간단한 배분이지만 강력하고 또 효율적인 방법입니다. 미국의 전설적인 가치투자자 워런 버핏은 부인에게 본인이 죽으면 전 재산의 90%를 S&P500 지수에 그리고 나머지 10%를 미국 채권에 투자하라고 거듭 강조했습니다. 9:1이라는 비율이 다소 극단적으로 보일 수 있어서 그렇지, 미국의 주식과 채권으로만 이루어진 단순한 구성은 진정한 자산 배분이 무엇인지를 알 수 있습니다.

그래도 우리는 좀 더 나아가 보겠습니다. 돌아보니 국가(또는 통화) 분산이 아쉽습니다. 어떻게 해야 할까요? 이 역시 최대한 단순하게 생각하면 됩니다. 우리나라가 신흥국이니 선진국을 넣는 게 좋아 보입니다. 단 하나의 선진국 시장만 고른다면 어디를 골라야 할까요? 단연 미국입니다. 비중도 생각하기 귀찮으니 주식과 채권 모두 반반으로 구성합니다.

주식 50%		:	채권 50%	
한국 주식 25%	미국 주식 25%		한국 국채 25%	미국 국채 25%

자, 어떤가요? 이 역시 끝입니다. 맨 처음 들었던 예시보다는 좀

더 완성도가 높다고 볼 수 있습니다. 자산 배분 전략이 완성도가 높다는 것은 낮은 최대변동성과 좀 더 나은 기대수익률을 뜻합니다. 여기서 살짝만 더 완성도 높은 구성을 해보겠습니다. 주식과 채권 다음으로 넣을 수 있는 우선순위의 자산(군)은 원자재와 현금입니다. 다만 원자재는 종류가 너무 다양해서 이 역시 대표성이 있는 금 1개 자산만을 담는다고 생각해 보겠습니다. 현금은 원화를 할 수도 있고, 달러 등과 같은 외화도 있지만 달러로 하도록 하겠습니다. 비중도 계산하기 쉽게 각각 10%로 한다면 다음과 같은 포트폴리오가 완성됩니다.

주식 40%		채권 40%		원자재 10%	현금 10%
한국 주식 20%	미국 주식 20%	한국 국채 20%	미국 국채 20%	금 10%	달러 예금 10%

자산 배분 전략을 만드는 작업은 (자산군) 분류와 (비중) 배분의 연속입니다. 완성도의 차이가 있을 뿐 완성은 없습니다. 하지만 정석은 있습니다. 주식, 채권, 원자재, 현금을 순서대로 고려하는 것과 이 순서를 따라 높은 비중으로 가져가는 것이 가장 먼저 고려해야 할 사항입니다. 완성도는 낮은 최대변동성과 나은 기대수익률 사이의 시소 타기와 같기 때문에 이들 자산을 순서대로 고려하는 것이 가장 자연스러운 방법입니다. 추가로 고려할 수 있

는 자산(군)은 '대체 투자'입니다. 부동산(또는 리츠)을 포함해 언급되지 않은 나머지 투자 가능 자산들을 통칭해서 일컫는 말입니다. 비트코인 같은 가상화폐를 비롯해 미술품 같은 실물, 그리고 창작물의 저작권 같은 무형자산 등이 있습니다. 실제로 국민연금을 비롯한 대부분의 연기금에서도 주식, 채권, 원자재, 현금, 대체 자산을 주요 투자 자산(군)으로 보고 있습니다.

한 가지 더 알아야 할 점은 완성도를 높이는 작업을 무한대로 할 수는 없다는 것입니다. 오히려 불필요합니다. 완성도를 높이기 위한 작업에는 응당 치러야 하는 비용이 따라옵니다. 우선적으로 치러야 하는 건 시간과 노력 자원입니다. 공부를 많이 해야 합니다. 더 많은 자산(군)의 동향과 관련 ETF를 조사해야 합니다. 각 자산(군)의 비중을 정하는 데 있어서도 복잡한 계산을 더 많이 할 줄 알아야 합니다. 그리고는 해당 ETF 들을 매수하고 모니터링해야 합니다. 이게 다가 아닙니다. 실제 돈도 더 많이 듭니다. 일반적으로 주식이나 채권 ETF는 비교적 비용이 저렴하지만, 원자재나 부동산 ETF 혹은 주식 내에서도 익숙하지 않은 국가인 베트남, 브라질, 러시아 등의 ETF는 비용이 좀 더 높습니다. 이를 정리하면 다음과 같습니다.

· 얻는 것: 더 낮은 최대변동성, 더 나은 기대수익률, 편한 내 마음

· 치르는 것: 좀 더 많은 조사, 좀 더 어려운 조사, 상품 매매 비용, 관리 노력 등

그리고 늘어난 비용을 감당하다 보면 치르는 것에 비해 얻는 것이 적어지는 손해 지점이 발생합니다. 그래서 안분지족도 필요합니다. 또는 내가 편입하고 싶은 자산(군)과 관련한 상품이 나올 때까지 혹은 충분히 거래량이 많아지거나 수수료가 낮아질 때까지 모니터링을 하며 기다리는 자세가 필요할 수도 있습니다. 담담하게 '아직은 때가 아니야'라면서 말입니다. 이렇듯 균형과 타협의 투자 방법이라는 생각도 합니다.

전통적 자산 배분

저는 보통 주식, 채권, 원자재, 현금 이 네 가지 자산(군)으로만 이루어진 자산 배분 전략을 권합니다. 그리고 이를 '전통적' 자산 배분이라고 부릅니다. 이 단어는 학문적으로 정의된 건 아니고, 제가 만든 것입니다.

　빵을 만드는 과정에 비유해 보겠습니다. 밀을 추수해서 말리고 껍질을 깝니다. 그런 다음 곱게 갈아 밀가루를 만듭니다. 이

때부터 차이가 발생합니다. 먼저 얼마만큼 곱게 빻을 것인가입니다. 곱게 빻을수록 다루기도 쉽고 빵을 만들었을 때 질감도 나을 것입니다. 하지만 영양소가 파괴된다는 우려도 있고, 두꺼운 질감 자체를 좋아하는 분들도 있을 것입니다. 그다음은 어느 정도의 묽기로 반죽할 것인가, 그리고 어떻게 숙성을 할 것인가입니다. 이는 어떤 빵을 만드느냐에 따라 다를 것입니다. 그다음은 반죽하고 모양내기입니다. 설탕과 버터 같은 첨가물에 대해서도 무엇을 얼마나 넣을지를 결정하고, 반죽의 모양도 잡아야 합니다. 그다음은 어떤 조건에서 얼마나 어떻게 구울 것인가를 생각해야 합니다.

우리는 이 모든 걸 통칭해서 '빵'이라고 합니다. 하지만 빵 종류에는 바게트나 식빵도 있고, 바삭하면서도 촉촉하게 구운 페이스트리도 있습니다. 그런 면에서 봤을 때 전통적인 자산 배분은 아무런 첨가물을 넣지 않고 구운 통호밀빵에 가깝다고 할 수 있습니다. 원재료의 형태나 특징을 가능한 한 잘 살리고, 본래 재료 이외의 다른 첨가물을 많이 사용하지 않아 담백한 빵을 의미합니다.

그럼 반대로 비전통적인 자산 배분 전략은 무엇일까요? 먼저 지나치게 많은 종류의 자산(군)으로 구성된 전략을 들 수 있습니다. 특히 거버넌스가 잘 갖춰지지 않아 정치사회의 영향을 많이 받고, 재산권 보호가 잘 이루어지지 않는 신흥국 시장(주식), 부실 위험이 높은 채권(비우량 회사채 등), 또는 매매와 유지비용이 매우 크고, 변동 방향을 합리적으로 추측할 수 없는 큰 원자재, 그리고 자산의 생성 역사가 지나치게 짧은 가상화폐 등을 들 수 있습니다. 전통적인 자산 배분 투자는 단기 수익률을 좇아 불필요하게 많은 자산군의 ETF를 가지고 타이밍을 노리는 투자법은 아닙니다.

비전통적인 자산 배분의 또 다른 특징으로는 구조가 복잡한 ETF입니다. 혹시 혼합물과 화합물의 차이를 아시는지요? 둘 이상의 원소가 본연의 특성은 유지한 채 물리적으로만 섞여 있으면 혼합물이고, 화학적으로 반응하여 결합해 있으면 화합물이라고 합니다. ETF에도 이런 상품이 많이 있습니다. 하나의 ETF가 둘 이상의 자산으로 구성(혼합물)되어 있거나, 그 자산을 유지하는 데 별도의 계약을 붙여 전혀 새로운 상품(화합물)을 만드는 경우입니다. 둘 이상의 자산으로 구성되어 있다는 게 무슨 뜻일까요? 가끔 ETF를 보면 주식과 국채를 정해진 비율에 맞춰 동시에 담고 있는 상품들이 있습니다. 마치 이것 하나만 사면 자산 배분 효과를 누릴 수 있는 듯해 보입니다. 편의성의 측면에서는 유용한 상품일지 모르겠습니다만, 어차피 자산(군)의 배분이 투자 전략 그 자체인 우리 입장에서는 이런 상품을 굳이 살 이유는 없습니다. 우리가 마트에서 사는 상품이야 묶음이 저렴한 경우가 많지만, 금융상품은 그 반대인 경우가 많기 때문에 조금의 번거로움을 안고 각각 사는 게 이득인 경우가 많습니다. 그 편이 리밸런싱하거나 전략을 변경할 때도 용이할 것입니다.

예를 들어, IRP와 퇴직연금 DC 계좌에서는 ① 위험 자산의 투자 한도가 70%로 제한되어 있고, ② 파생을 기초 자산으로 한 ETF의 편입이 엄격하게 제한되어 있습니다. 이로 인해 ①의 이유로 위험 자산을 더 편입하기 위해서나, ②의 이유로 미국 국채를 보유하려는 경우 부득이하게 혼합 ETF를 매수할 수밖에 없습니다.

별도의 계약을 붙여 만드는 ETF에는 대표적으로 레버리지나 인버스 ETF가 있을 수 있습니다. ETF는 기초 자산을 따라 가격이 오르면 오르고, 내리면 내리는 것이 순리입니다. 괴리율이나 추적 오차 등으로 인해 어느 정도 변동 폭의 차이는 있을 수 있지만 방향성은 같아야 합니다. 하지만 이 변동 수준의 2배혹은 3배를 움직이거나, 반대 방향으로 움직인다는 것은 '일반적이지 않은' 어떤 금융 계약을 기초로 하고 있기 때문에 가능한것입니다.

ETF의 단점이라면 일단 비용이 비쌉니다. 그리고 괴리율이나 추적 오차가 커 이로 인한 손실이 조금씩 누적되는 구조입니다. 복제하는 자산의 가격과 '정확히' 2배 혹은 '정확히' 반대로 움직여야 하는데 이는 인위적으로 만든 것이라 그럴 수가 없습니다. 내가 누군가의 동작을 따라 하는데, 똑같이 하려는 것과 정반대로 해야 하는 것 중 무엇이 더 쉬운지를 떠올리면 됩니다. 마지막으로 장기적으로 우상향한다는 자산의 기본 방향성에도 거스르는 것이기 때문에 여러모로 불리합니다. 따라서 이런 ETF는 내가 투자하는 주요 자산의 가격 변동을 상쇄하기 위한 헤지(Hedge) 목적이나 아니면 가격의 방향성에 대한 확신이 있을 때만 단기적으로 매수하고 보유하는 것이 맞습니다. 여러모로 전통적 자산 배분 포트폴리오와는 맞지 않는 ETF입니다.

비전통적인 자산 배분의 세 번째 예로는 운영 주체의 자의적인 결정이 들어가는 ETF라고 할 수 있습니다. 투자 전략은 크게 액티브(Active)와 패시브(Passive)로 나뉩니다. 간단하게 말해서 운용 전문가의 가치나 기준에 의해 적극적으로 투자 결정하는 것이 액티브 투자라면, 이미 검증된 기준과 그에 따라 마련된 전략을 가지고 기계적으로 수행하는 것이 패시브 투자입니다. 개인의 직접투자에서는 직접 주식 개별 종목을 골라서 나만의 종목 풀을 가지고 투자한다면 액티브일 것이고, 코스피200과 같은 지수를 추종하는 ETF를 매수한다면 패시브입니다. 시장 전체를 추종하는 지수 투자는 패시브 투자의 대표적인 예입니다.

이런 구분은 증권사나 자산운용사 등을 통한 간접투자에서 더욱 극명하게 구분됩니다. 전문 관리인이 전략적인 매수·매도를 통해 시장 수익률을 뛰어넘는 추가적인 수익을 추구하면 액티브이고, 투자하는 시장 혹은 특정 지수를 그대로 복제해서 따라가려고 한다면 패시브인 것입니다. 전통적인 자산 배분 투자는 기본적으로 패시브이며, 여기서 주로 매수하는 ETF도 마찬가지입니다.

최근에는 ETF에도 액티브가 떠오르고 있기도 합니다. 이런 ETF들은 주로 '액티브OOO ETF'라는 이름을 가지고 있어 구분이 쉽습니다. 액티브 ETF는 ETF 시장 규모가 커짐에 따라 함께 커질 수 있는 상품 유형 중 하나입니다. 하지만 과거 수많은 액티브 펀드들이 그랬듯, 액티브 ETF의 실적이나 그에 대한 대중적 관심은 일시적인 유행에 그칠 수밖에 없다고 생각합니다. 유행이기 때문에 부침이 있는 만큼 장기적으로 보유할 만한 상품은 아닙니다. 따라서 전통적인 자산 배분 전략을 추구하는 투자자라면 진지하게 접근할 필요는 없어 보입니다.

자산 배분 전략을 짜고 이를 원활하게 이끌어나가기 위해서는 조금 더 알아야 할 것이 있습니다. 바로 운용 조건입니다. 자산 배분 전략을 잘 만들고 이끌어가기 위한 요건들로, 저는 이를 '자산 배분의 5대 원칙'이라고 표현합니다.

· 대충 하자
· 마이너스 상관관계를 가진 자산들끼리 섞자
· 전통적인 자산 배분을 택하자
· 기대수익률은 주식의 편입 비중으로 결정할 수 있다
· 전략을 정했으면 최소 3~4년을 유지하자

① 대충 하자

사실 '대충'이라는 건 지나치게 단순화한 표현일 수 있습니다. 앞서 말했듯 완성도를 높이는 건 중요하지만, 거기에는 비용이 발생하며, 결코 완성이란 없기 때문에 '대충'이라는 표현에는 일정한 수준에 다다르면 적당히 타협하고 만족할 줄 알아야 한다는 의미가 있습니다. 완성도를 높이려는 노력은 더 낮은 변동성과 더 높은 기대수익률이라는 혜택을 제공하지만, 그만큼의 대가를 불러옵니다. 바로 비용입니다. 금전적인 것과 비금전적인 것 모두를 아우릅니다. 또한 배분 자체에는 일종의 마진도 있어서 어느 시점부터는 조그마한 개선을 위해 그보다 더 큰 비용을 치러야 합니다. 처음 1개는 100원이지만, 그다음 추가한 1개 가격은 110원인 식입니다.

② 마이너스 상관관계를 가진 자산들끼리 섞자

시장에서 거래되는 자산은 시시각각 가격이 변합니다. 우리는 이를 그래프로 표현하기도 하고, 특정 기간에 있어서는 가격 변동의 폭을 수익률이라는 형태로 표현합니다. 즉, 움직임이 항상 추적 가능한 형태로 발생합니다. 이에 움직임이 있는 두 자산의 방향과 변동 폭을 비교할 수 있습니다. 방향은 같은 방향으로 혹은 반대 방향으로 발생할 것입니다. 변동 폭은 어느 한 자산이 다른 자산에 비해 더 많을 수도 있고, 더 적거나 똑같을 것입니다. 이러한 비교 결과를 '두 자산 간의 상관관계'라고 합니다.[15]

자산 배분 전략의 핵심은 서로 반대로 움직이는 자산들끼리 섞는 것입니다. 이를 가지고 마이너스의 상관관계가 있다고 합니다. 이렇게 됐을 때 어떤 효과가 있냐면, 한 자산이 내릴 때 다른 한 자산이 오르면서 보완해 주는 모습이 발생합니다. 기본적으로

---

[15] 자산(군) 간의 상관관계를 직접 구하고자 한다면, 비교하고자 하는 자산(군) 각각의 수익률을 조사한 다음 엑셀 함수 'CORREL'을 통해 비교해 볼 수 있다. 자료의 기준이나 출처에 따라 값은 달라질 수 있으므로, 값의 레벨이나 방향 정도를 우선 참고하는 것이 바람직하다.

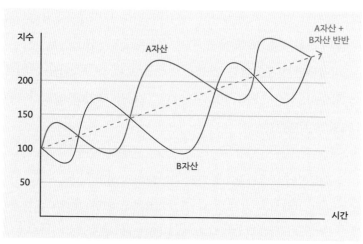

마이너스 상관관계를 가지는 두 자산(군)의 혼합

는 A 자산과 B 자산 모두 변동성이 크지만 이 둘을 동일한 비중으로 포트폴리오에 담으면 이를 합한 내 전체 계좌의 수익률은 우선 변동성이 매우 적어지고, 수익률 역시 대체로 꾸준히 우상향하는 모습을 보입니다.

저는 이런 자산 배분의 수익률 보완 효과를 머리가 아닌 가슴으로 배울 필요가 있다고 생각합니다. 이 효과가 주는 심적 편안함은 직접 겪어 보기 전까지는 체감이 어렵습니다. 평소에는 내 자산 배분 투자 계좌의 수익률이 다른 자산들에 비해 미미하다는 피해의식을 지울 수가 없습니다. 하지만 몇 년에 한 번씩 터지는 전 세계적인 경제 위기나 한 해에도 여러 차례 터질 수 있는 주식시장(한국이든 미국이든)의 폭락 시기에는 가슴을 쓸어내리게 됩니다. 오히려 어떤 때는 주식이 내린 폭보다 채권과 금이 오른 폭이 더 커서 나도 모르게 미소 짓게 될 수도 있습니다.

이러한 움직임 자체가 꼭 절대적이라고는 볼 수 없습니다만, 보완관계가 있음은 확실하게 말할 수 있습니다. 그리고 이 사실을 잘 알고 실천을 통해 경험해야만 자산 배분 투자를 장기간 이어갈 수 있습니다.

상관관계는 두 자산(군)을 비교하여 숫자로 표현할 수 있습니다. 이를 '상관계수'라고 합니다. 이 숫자에서 앞의 플러스 혹은 마이너스 부호는 방향 관계를 나타내는 것이고, 숫자는 변동폭의 차이를 나타냅니다. 기준 값은 1이기 때문에 상관계수는 기본적으로 +1에서 −1 사이의 어떤 값을 갖는다고 볼 수 있습니다. 서로 반대로 움직이는 두 자산(군)은 마이너스(음수)의 값을 가지고 있으며 둘은 마이너스 상관관계를 가지고 있다고 합니다. 숫자가 더 클수록 변동폭의 측면에서 '선명하게' 반대로 움직인다는 뜻입니다. 지금까지 말한 것을 숫자로 표현하면 상관계수가 −1에 가까운 음수를 가지는 두 자산이 가장 이상적인 마이너스 상관관계를 가진 자산(군)들입니다. 주요 자산(군)들의 상관계수는 표로 나타낼 수도 있습니다.

구분	코스피	한국 국채	미국 국채	서울 아파트	달러/원 환율	S&P 500	미국 리츠	신흥국 주식	금
코스피	1.00								
한국 국채	-0.31	1.00							
미국 국채	-0.47	0.68	1.00						
서울 아파트	0.11	-0.76	-0.52	1.00					
달러/원 환율	-0.29	0.14	0.30	-0.25	1.00				
S&P 500	0.67	-0.17	-0.35	-0.07	-0.54	1.00			
미국 리츠	0.24	-0.25	-0.42	-0.02	-0.49	0.71	1.00		
신흥국 주식	0.81	-0.24	-0.39	0.01	-0.49	0.60	0.26	1.00	
금	0.29	-0.12	0.01	0.22	0.34	0.03	-0.34	0.26	1.00

국내외 주요 자산 수익률 상관계수 (2012~2023)
자료: 한국은행, KB부동산, Yahoo Finance 참고

상관관계(상관계수)를 볼 때 염두에 둘 것이 있습니다. 이는 대체
로 충분히 긴 기간 동안 자산들의 평균 수익률을 추적한 평균적
인 결과라는 것입니다. 다시 말해, 대체로 그렇게 움직이는 경향
이 있고 그런 관계를 보인다는 것이지, 단기간 혹은 어떤 시점을

특정해서 볼 때는 그렇지 않을 수 있습니다. 이 때문에 종종 자산 배분 '무용론' 같은 주장을 접하곤 합니다. 주식과 채권은 대체로 의미 있는 마이너스 상관관계를 가지지만, 어떤 해에는 둘 다 내내 오를 수도 있고, 내내 내릴 수도 있습니다. 정보의 교류가 폭발적이고 자본의 이동이 쉬워질수록 이런 관계는 무너지는 모습을 보이기도 합니다. 코로나19 팬데믹처럼 100년에 한 번 발생할까 말까 한 사건들도 이런 상관관계를 일시적으로 무너뜨립니다. 하지만 자산(군)의 배분은 언제나 유효하니, 이 움직임에 일희일비할 필요는 없습니다.

어렴풋이 생각했을 때는 괜찮은 상관관계가 있을 것으로 기대를 하지만, 그 효과가 크지 않은 경우도 있습니다. 대표적인 것이 주식에 관해 최대한 다양한 나라를 편입하려는 시도입니다. 이에 대해 단적으로 말하면, 대한민국의 투자자라면 한국과 미국 양 시장을 보유하는 것만으로도 '충분'합니다. 이 두 시장만으로도 의미 있는 분산 기준 2개가 충족됩니다. 하나는 선진국/신흥국 분산이며, 다른 하나는 통화(원화/달러)입니다. 그리고 원화 자산과 달러 자산 둘은 상관관계가 큽니다. 이를 바꿔 말하면 다른 나라를 추가로 편입한다고 해도 이 둘만큼 의미 있는 분산 효과를 거두기는 어렵다는 뜻입니다. 하지만 하는 게 중요하지 대충 해도 된다는 것을 기억해 주시기 바랍니다.

다양한 국가의 주식을 편입하고자 한다면, 여기에는 분명한 우선순위가 있다는 점을 알아야 합니다. 전 세계 주식시장에서 차지하는 비중이 커서 대표성이 있거나, 기존에 편입하고 있는 자산들과 유의미한 상관관계를 가지고 있어 분산 효과가 있어야 합니다. 이에 반해 많은 사람은 최근 몇 년간 많이 오른 시장의 주식 또는 지금 당장 많이 회자되는 국가를 편입하고 싶어 할 것입니다. 하지만 이런 일시적 요소들은 지뢰와 같이 여기고 피해야 합니다. 특히 인도, 베트남, 브라질처럼 성장 사이클에서 폭발력이 큰 신흥국에 대해 관심을 갖기가 쉽습니다. 이들 시장을 편입하는 것은 다음과 같은 이유로 인해 필요 이상으로 보수적일 필요가 있습니다.

· 한국 주식은 기본적으로 '신흥국'으로 분류, 추가로 담을 필요가 적다
· 신흥국들은 대부분 전체 주식시장에서 차지하는 비중이 적어 대표성이 떨어진다
· 발생 원인과 관계없이 특정한 악재로 인한 변동성이 선진국에 비해 크다
· 거버넌스가 잘 갖춰져 있지 않아 국가 내부요인도 시장에 악재가 될 수 있다

- 접근이 어려운 만큼 관련 상품이 없거나 있더라도 비용(수수료 등)이 비싸다

제가 이런 이야기를 따로 하는 이유는 자산 배분 투자를 하다 보면 소위 말하는 '액티브의 유혹'에 빠지기 쉽기 때문입니다. 말 그대로 다른 사람의 말을 듣고, 혹은 나의 자의적인 판단으로 인해 특정 자산을, 처음의 구성에서 정한 비중보다 조금 더 또는 덜 사면 수익률이 나아질 것 같은 환상입니다.

특히 연말연시에 이런 유혹에 빠지기 쉽습니다. 안정적으로 전통적인 자산 배분 전략을 잘 유지하고 있는 사람이라고 해도, 전년도의 수익률이 만족스럽지 못했다거나(혹은 전략의 기대수익률을 밑돌았거나) 내가 알고 있던 자산들 사이의 상관관계가 일시적으로 깨진 모습을 보면 심리에 타격을 주기 때문입니다.

'올해나 내년에는 뭐가 특히 더 좋다'는 식의 전망은 개별 종목은 물론이고, 특정 산업이나 자산(군)에 있어서도 횡행합니다. 이는 업계의 전문가는 물론이고, 그 누구도 예상할 수 없습니다. 이에 대해 유의미한 전망을 할 수 있는 몇 안 되는 사람 중 한 명인 워런 버핏은 매크로 전망은 무시하라고까지 이야기합니다. 물론 이러한 전망 중 일부는 유용한 신호가 있을 수도 있겠지만, 대부분은 소음에 가깝다고 봐도 됩니다. 그러니 무시할 수 있으

2019	2020	2021	2022	2023
대형주 31.5%	스몰캡 20.0%	리츠 41.3%	현금 1.6%	대형주 26.3%
리츠 28.7%	신흥국 18.7%	대형주 28.7%	하이일드 -11.2%	선진국 18.9%
스몰캡 25.5%	대형주 18.4%	스몰캡 14.8%	우량채권 -13.0%	스몰캡 16.9%
선진국 22.7%	자산 배분 9.8%	선진국 11.8%	선진국 -14.0%	하이일드 13.3%
자산 배분 18.9%	선진국 8.3%	자산 배분 10.9%	자산 배분 -16.5%	자산 배분 12.8%
신흥국 18.9%	하이일드 7.5%	하이일드 5.4%	대형주 -18.1%	리츠 11.4%
하이일드 14.4%	우량채권 6.1%	현금 0%	신흥국 -19.7%	신흥국 10.3%
우량채권 8.7%	현금 0.6%	우량채권 -1.5%	스몰캡 -20.4%	우량채권 5.5%
현금 2.2%	리츠 -5.1%	신흥국 -2.2%	리츠 -25.0%	현금 5.1%

주요 자산군의 연도별 수익률
출처: Novel Investor

면 무시하고, 그도 아니라면 적극적으로 피하는 것이 좋습니다. 가장 큰 이유라면 전망이 맞다는 걸 그 누구도 보장할 수 없다는 것입니다. 사람들은 흔히 오르는 자산이 계속 오를 것이라는 모멘텀 환상, 그리고 자산(군)의 단위로 접근하면 안전할 것이라는 착각을 가지고 있습니다. 하지만 표에서 보듯 그 어느 자산도 2년 연속으로 수익률 1위를 차지하기가 힘듭니다. 심지어는 연속 상위권도 어렵습니다. 각각의 자산(군) 수익률을 놓고 보더라도 연도별로 편차가 꽤 큼을 알 수 있습니다. 어떻게 보면 재미있지만, 어떻게 보면 이 역시 주식 개별 종목 못지않게 무시무시한 세계입니다.

장애물은 하나 더 있습니다. 전망을 맞혔다고 하더라도 그에 대한 금융상품을 시기에 맞게 매수·매도하여 수익을 내는 것은 또 다른 문제입니다. 선반영이나 선행매매라는 말이 있습니다. 자산시장에는 이런 상황을 미리 예측하여 돈을 베팅하고 기다리는 무서운 사람들이 가득합니다. 따라서 다른 사람의 의견만 따라다닌다면 그러한 투자 결정은 그 자체로도 싼 걸 팔고 비싼 걸 사는 결과로 끝날 가능성이 더 큽니다. 힘들게 만든 자산 배분 전략 포트폴리오가 망가지는 건 덤입니다.

③ 전통적인 자산 배분을 택하자

전통적인 자산 배분 전략의 의미에 대해서는 이미 설명했을뿐더러, 앞의 ① '대충 하자'와도 어느 정도 일맥상통하니 간단히 짚고 넘어가겠습니다.

가능하면 주식, 채권 원자재, 현금 자산(군)의 대표 자산

ETF들로 전략을 구성하고, 여기에는 얻는 것(낮은 변동성, 높은 기대수익률)에 비례하여 비용(금전적, 비금전적)이 체증한다는 사실을 잊지 않는 것이 중요합니다.

그리고 이와 반대되는 측면에서 '비전통적인' 요소들은 피하는 것이 좋습니다. 지나치게 많은 종류의 자산(군)으로 전략을 구성하거나, 여러 개의 자산 혹은 파생계약 등으로 구성되어 있는 복잡한 ETF, 그리고 구성이나 운용 과정에서 주체의 자의적인 의사 결정이 들어가는 액티브 자산운용도 피하는 것이 좋습니다.

④ 기대수익률은 주식의 편입 비중으로 결정할 수 있다

앞서 언급했듯, 전통적인 자산 배분 전략은 보통 연 4~8% 정도의 수익률을 기대하고 구성·운용합니다. 많은 이가 기대수익률별 전략에 따라 서로 다른 어떤 특별한 레시피가 있을 것으로 추측하지만 그렇지 않습니다. 기본적으로 모든 전략은 제시된 주식, 채권, 원자재, 그리고 현금의 구성을 동일하게 따릅니다.

대신 차이가 발생하는 부분은 자산(군)별 편입 '비중'입니다. 더 분명하게 말한다면, 높은 기대수익률을 원하면 주식 자산을 많이 담게 됩니다. 어찌 보면 너무나 간단해 보이지만, 실제로 투자해 보면 운용에 있어서는 그렇지 않습니다. 주식을 많이 담게 되면 무엇보다 최대 하락 폭이 커집니다.

최대 하락 폭을 크게 하지 않고도 기대수익률을 높일 수 있는 자산 배분 전략도 만들 수 있지 않냐고 할 수 있습니다. 하지만 이는 시장이 한 명의 사람이라면 절대로 허용하지 않을 사고방식입니다. 그리고 둘은 등가교환 관계에 있습니다. 기대수익률을 높이기 위해서는 마찬가지로 더 높아진 최대 하락률을 감내해야 하는 것입니다.

서구권 사람들이 가끔 체념하며 던지는 농담이 있습니다. 그건 바로 "죽음과 세금은 피할 수 없다."라는 것입니다. 리스크도 마찬가지입니다. 자산 배분뿐만 아니라 투자 전체가 그런 경향을 보이기도 합니다. 더 높은 수익을 추구한다면 원금 손실 가능성을 포함한 리스크 상승까지도 감내해야 합니다. 리스크의 증가 '없는' 기대수익률의 증가란 있을 수 없습니다. 물론 다소간의 효율은 있을 수 있습니다. 어떤 전략을 잘 짠다면 증가하는 리스크에 비해 더 많은 수익률을 기대할 수 있을지는 모릅니다. 하지만 이 역시도 무한정 가능한 것은 아니며, 어떤 행동은 기대수익률의 증가 없이 리스크만 올리기도 합니다.

어떻게 보면 스스로의 한계를 결정짓는 체념적인 사고방식이기도 하지만, 투자의 세계에서는 이를 지나치게 무시하여 사기에 빠지는 경우를 많이 봅니다. 탐욕과는 조금 다른 종류이면서 또 굉장히 무서운 함정이기도 합니다.

⑤ 전략을 정했으면 최소 3~4년을 유지하자

주식 투자에서 귀에 딱지가 앉을 정도로 듣는 격언 중 하나가 바로 '장기 투자를 하라'는 것입니다. 개인적으로는 이 말만큼 어폐가 큰 격언이 없다고 생각합니다. 스타일 중 하나로 볼 수 있는 가치투자 혹은 지수(인덱스)투자에나 맞는 말임에도 불구하고, 그것이 마치 때, 시장, 자산(군)에 상관없이 일반적으로 맞는 절대 가르침인 것처럼 여겨 온 면이 큽니다. 아니면 도덕적인 우위를 점하고픈 누군가가 할 수 있는 말이기도 합니다. 일단 '장기'라는 단어 자체에 대한 정의도 확실하지 않고, 허점이 많은 말입니다.

그렇지만 전통적인 자산 배분 투자에 있어서는 장기 투자를 하는 것이 옳습니다. 그리고 그 장기란 대체로 3~4년을 의미합니다. 하나의 전략을 검증하고 평균적인 기대 수익을 거두기 위해서는 어느 정도의 시간이 절대적으로 필요한데 그 시간이 보통 3~4년 정도입니다.

만약 이 정도의 기간에도 일정한 기대 수익을 거두지 못했더라면 전략을 통째로 교체하는 것을 고려할 수 있습니다. 그리고 이때 전체 자산을 먼저 매도했다가 다시 재매수하여 구성하는 것이 좋습니다.

관리의 마지막은 바로 리밸런싱입니다. 자산 배분 투자에서의 리밸런싱은 주식 개별 종목의 매수·매도, 특히 매도에 비해서는 크게 어렵지 않으니 큰 부담 가지실 필요는 없습니다.

리밸런싱은 말 그대로 '다시 균형을 맞추다'라는 뜻입니다. 자산 배분 전략을 운영하다 보면 모든 자산은 오르고 내리고를 반복하는 와중에 자산 간의 수익률이 점차 벌어집니다. 그러면서 각 자산(군)의 포트폴리오 내 비중도 변하게 됩니다. 가격이 오른 자산은 비중이 높아져 있고, 가격이 내린 자산은 낮아져 있습니다. '불균형'이 발생한 것입니다. 그럼 오른 자산의 일부를 팔고, 내린 자산을 약간 더 사서, 평가액 기준의 자산(군)별 비중이 애당초 결정한 비율과 맞도록 조정하는 매매를 합니다. 이것이 바로 리밸런싱입니다. '불균형 인지 → 원래 비율에 따른 수량 재계산 → 매수·매도'를 통해 다시 균형을 맞추는 것입니다. 다만 이 과정에서 자산의 평가액이 늘었다면 그 늘어난 금액을 모수로 하여 비율을 계산해야 합니다.

리밸런싱은 겉보기에는 아무것도 아닌 것 같아도, 하다 보면 평소에는 그대로 실천하기 어려운 심리적 장애물들을 자연스럽게 극복할 수 있도록 돕는 효과가 있습니다.

구분	초기 비중	변동	현재 비중	조정(일부)	리밸런싱 후
미국 주식	15%	↑	17%	매도	15%
한국 주식	15%	↑	16%	매도	15%
중국 주식	15%	↓	11%	매수	15%
미국 국채	20%	↑	21%	매도	20%
한국 국채	20%	↓	18%	매수	20%
금	10%	↓	8%	매수	10%
현금(단기 채권)	5%	–	4%	–	5%
총액/합계	2,000만 원	↑	2,098만 원	–	2,098만 원

자산 배분 투자 포트폴리오 리밸런싱 예시

첫 번째 효과는 리밸런싱 자체가 사실 싼 걸 사고 비싼 건 판다는 오랜 투자 격언인 BLASH(Buy Low And Sell High)에 기초하고 있다는 점입니다. 가격이 올라서 가치가 비싸진 자산을 일부 팔고, 가격이 내려서 가치가 저렴해진 자산을 더 사는 과정에서 이 목표가 자연스럽게 달성되는 것입니다. 이게 대단하지 않은 것처럼 보일 수 있어도 투자를 하다 보면 오히려 반대로 행동하는 경우를 훨씬 더 많이 보게 됩니다. 일부는 오르고 있는 자산이 더 오르지 않을까 또는 추가로 매수하는 자산이 더 떨어지지 않을까 하는 순간적 사고로 인해 걱정이 작동하기도 하고, 남들 다 가지고 있는 종목에 올라타서 대화에도 끼고 또 자랑도

하고 싶은 일종의 '베블런 효과'가 투자에서도 작용합니다.

　자산 배분 투자에서 상대적으로 BLASH가 쉬운 것은 이 행위가 매수·매도라기보다는 일종의 '바로잡음'으로 느껴지기 때문이 아닐까 싶습니다. 리밸런싱은 매매 그 자체보다는 내 포트폴리오를 균형으로 되돌린다는 점에 집중하도록 합니다. 자세 교정을 하듯, 틀어진 자산(군)별 비중을 처음과 같이 되돌린다는 점에만 온전히 집중하다 보면 의외로 많은 것들이 달성됩니다.

　두 번째 효과는 타깃 비중보다 높아진 자산을 일부 매도하는 과정에서 평가 수익을 실현하고, 이것이 투자 원금으로 환원되는 선순환이 이루어진다는 점입니다. 즉, 수익금을 거두어 붙잡아 두는 잠금(Lock-in) 효과가 있습니다. 보통 투자해서 수익금을 실현하면 기분이 좋아집니다. 아직 실현하지 않은 화면의 수익만 봐도 돈을 번 것 같은 기분이 드는데, 적절하게 매도까지 하면 오죽하겠습니까? 여기에서 많이 저지르는 실수는 이걸 곧바로 재투자하지 않는다는 점입니다. 수익금의 전부나 일부를 써 버리려고 합니다. 가족에게는 선물을 하거나, 지인들에게는 한턱 쏩니다. 그게 아니더라도 소소하게 편의점에 들러 평소에는 사지 않던 군것질거리를 잔뜩 사게 될지도 모릅니다.

　예상치 않게 가끔 들어오는 배당금은 그대로 두나요? 절대 아닐 겁니다. 하지만 자산 배분 투자에서 리밸런싱을 하게 되면 내가 수익을 거뒀다는 느낌이 잘 들지 않습니다. 그리고 세제 혜택 계좌에서는 수익금의 부분 인출도 어렵습니다. 곧바로 비중에 맞춰 싼 자산(군)을 더 사야 합니다. 이대로 하지 않는다면 최초의 목표인 '균형'은 달성하지 못하는 것이니까요. 불균형인 채로 전략 포트폴리오를 둔다는 건 왠지 찜찜합니다. 애초에 쓸 생각이 들지 않는 것이지요.

그렇다면, 이렇게 좋은 리밸런싱은 언제 해야 할까요? 자주 할수록 좋은 걸까요? 여기에는 정해진 답이 없습니다. 자산 배분을 학문적으로 연구하는 이들에게도 논쟁거리입니다. 그나마 '아예 하지 않는 것보다는 하는 것이 확실히 좋다, (적당한 선에서는) 가능한 한 자주 하는 것이 좋다'는 정도를 말할 수 있을 뿐입니다. 그럼 그 '적당히'라는 게 뭘까요? 1년에 1번인지, 분기에 1번인지, 아니면 매달인지 역시나 불분명합니다. 보통 개인투자자의 관점에서는 연 1~4회 정도라고 보면 되지만, 이 역시도 그럼 4회가 1회보다 낫다고 할 수는 없습니다. 리밸런싱이 효과를 보기 위해서는 기존의 불균형이 어느 정도 있는 상황이어야 한다는 뜻입니다. ETF 역시 금융상품이고 이 과정에서 거래 비용이나 세금이 발생할 수도 있기 때문에 단순히 리밸런싱의 효과만을 노리고 한 매매가 비용을 발생시킬 수 있는 것입니다. 빨래는 자주 하는 것이 좋지만, 환경이나 전기 요금 등을 함께 생각한다면 빨랫감을 어느 정도 모아서 한꺼번에 하는 것이 효율적인 것과 같은 이치이지 않을까 싶습니다.

계좌가 파란색인데도
리밸런싱을
해야 하나요?

자산 배분 투자가 순조롭게 돌아가고 있다고 상상해 봅시다. 미국 경기도 좋고, 우리나라 수출도 잘 됩니다. 글로벌 시장에 큰 경제적인 위기도 없어서 계좌 전체로 봤을 때는 플러스입니다. 우리나라 주식이 조금 부진해서 손실이기는 하지만 큰 문제는 없어 보입니다. 이대로 가면 타깃 기대수익률보다 조금 더 잘 나올 것 같습니다. 이런 상황이면 리밸런싱도 어렵지 않습니다. 많이 오른 자산을 팔아서 마이너스인 자산을 많이 사고, 상대적으로 조금 오른 자산은 약간 매수하는 것으로 대응하면 됩니다. 이를 위한 일부 자산 매도 과정에서 수익이 발생했고, 매수 과정에서 내 투자 원금으로 전환되니 기분도 좋습니다. 실제로도 여러분이 자산 배분 투자를 다년간 하신다면 이런 구간에 있을 확률이 가장 높은 것도 사실입니다.

하지만 반대의 경우도 벌어질 수 있습니다. 대표적인 것이 바로 진입 직후부터 대부분의 자산(군)이 손실을 기록하고 있으며, 내 전체 계좌도 마이너스인 상태입니다. 약세장에 자산 배분 투자를 시작하면 보통 초기 해에 벌어질 수 있는 '가장 안 좋은' 상황이 일어나기도 합니다. 그리고 이런 상태가 짧게는 6개월, 길게는 1년 정도 지속될 수도 있습니다. 이때 시장과 내 심리에 잡아먹히지 않는 게 중요합니다. 사실 이런 상황이 그리 자주 벌어지지는 않는데, 공교롭게도 최근에는 좀 있었습니다. 대표적으로 2018년과 2023년 초가 그랬습니다.

이런 상황에 놓이면 정말 별의별 생각이 다 듭니다. 그런데 이때 인내심이 있는 분이라면 리밸런싱을 하는 건 어떤가 하는 생각도 하실 겁니다. 이건 자연스러운 심리입니다.

이런 상황에서 택할 수 있는 건 크게 두 가지입니다. ① 가만히 있는다. ② 추가 자금을 투입한다. 먼저 두 번째 이유에 대해 설명하겠습니다. 다소 어폐는 있으나 사실 추가금을 투입하는 것 자체가 계산상으로는 수익을 내고 리밸런싱을 하는 효과가 있습니다. 매도 없이 추가 투자금액의 규모에 맞도록 일부 ETF만 추가로 매수하는 것입니다.

그다음은 가만히 있는 경우인데, 여기에도 나름 합리적인 이유가 있습니다. 기본적으로 상관관계를 가진 자산(군)으로 포트폴리오를 구성했음에도 모든 자산이 마이너스인 상황은 그 자체로 불균형 상태입니다. 이는 길게 지속되기 어렵고 이런 불균형은 균형으로 회귀하는 성향이 있습니다. 양상은 그때그때 다르지만 특정 자산이 급등하거나 전체적으로 모든 자산이 수익률을 회복하는 식으로 해소되는 게 보통입니다. 자산(군)의 평균 회귀 현상은 어떤 의미에서는 조건 없이 믿어야 하는 부분도 있습니다. 이를 받아들이지 않고서는 투자라는 행위 자체가 성립하기 어렵다는 것도 인정해야 합니다.

또 다른 이유는 리밸런싱을 하는 것 자체가 손실을 확정하는, 원금 손실로 이어진다는 점입니다. 워런 버핏이 원금을 손해 보지 말아야 하는 게 투자의 제1원칙이며, 제2원칙은 앞의 원칙을 잊지 않는 것이라고 거듭 강조한 것처럼 자산 배분 투자에서도 원금 손실은 피해야 합니다. 더 정확히 말하면 일시적으로 원금이 손실인 상태일 수는 있는데, 그걸 확정할 필요가 있냐는 것입니다. 자산 배분 투자는 주식 등에 비하면 기대수익률 자체는 높지 않은 투자이기 때문에 원금 훼손을 더더욱 피해야 합니다.

Part 5

상장지수펀드(ETF)
투자 전략

존
보
글

시간은 투자자의
친구이지만,
충동은 적이다

ETF는 펀드의 손자뻘

자산 배분 투자를 요리에 비유해 보겠습니다. 관련된 요소들을 각각 비유하면 아마 다음 같지 않을까 싶습니다.

- 투자자(나) : 요리사
- 계좌 : 주방
- 투자 전략 : 레시피
- 포트폴리오에 따른 상품 매수 : 조리 행위
- 투자 기간 : 조리 시간
- 기대수익률 : 조리도구 또는 화력
- 많이 불어난 연금자산 : 최종 요리

그런데 너무나도 중요한 게 하나 빠져 있습니다. 그게 뭘까요?

바로 요리 재료입니다. 좋은 재료는 음식의 거의 모든 것을 넘어 전부라고도 합니다. 그만큼 절대적으로 중요하다는 뜻입니다. 생선을 사 둔 지 오래 지나 신선하지 않다면 회로 먹을 수 없고, 탕으로 끓이기도 망설여집니다. 대신 굽거나 양념을 듬뿍 넣어 조림으로 만들죠. 이처럼 요리 재료의 신선도나 형태는 조리 방법을 결정하기도 합니다.

그럼 자산 배분 투자에서 요리 재료는 무엇일까요? 바로 상장지수펀드(ETF, Exchange Traded Fund)입니다. 단어 자체를 풀어서 쓰자면 상장되어 거래할 수 있는 펀드라는 뜻입니다. 사실 ETF는 제가 투자를 시작했던 10여 년 전까지만 해도 우리나라 시장에서는 존재는 했지만, 그다지 대중적인 금융상품은 아니었습니다. 반면, 지금은 공모펀드와 개별 종목 모두를 대체하는 그 야말로 블랙홀 같은 상품으로 거듭나고 있습니다. 우리나라에서 ETF의 시장 규모는 다른 투자 가능한 금융상품들에 비해 아직 상대적으로 미미할지 모릅니다만, 앞으로 가장 빠르게 성장할 것이 자명해 보이기도 합니다.

ETF를 이해하려면 그보다 상위 분류에 있는 펀드를 이해하는 것에서 출발합니다. ETF의 F가 의미하듯 이 역시 펀드의 일종이며, 이는 가족 관계도와도 같습니다. ETF가 '나'라면 인덱스펀드는 부모님, 공모펀드(뮤추얼펀드)는 조부모님, 펀드는 증조부

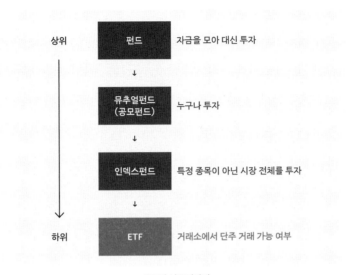

상위

| 펀드 | 자금을 모아 대신 투자 |

↓

| 뮤추얼펀드 (공모펀드) | 누구나 투자 |

↓

| 인덱스펀드 | 특정 종목이 아닌 시장 전체를 투자 |

↓

하위

| ETF | 거래소에서 단주 거래 가능 여부 |

ETF가 나오기까지

님에 해당합니다. 우리가 금융공학자나 상품전문가는 아니기 때문에 이 셋을 최대한 간단하게 알아보겠습니다.

① 펀드(Fund)

펀드의 정식 명칭은 집합투자입니다. 혹은 집합투자재산이나 집합투자자산, 집합투자상품이라는 단어를 쓰기도 합니다. 사실 펀드의 의미는 '집합투자'라는 단어에 더 잘 드러납니다. 기본적으로 여러 사람의 돈을 모아 대신 투자해 준다는 뜻입니다.

② 공모펀드와 사모펀드

펀드는 다시 공모펀드(또는 뮤츄얼펀드, Mutual Fund)와 사모펀드(Prvate Equity Fund)로 나뉩니다. 쉽게 말하면 공모펀드는 '공개적으로 투자자를 모집'해서 운용하는 펀드이고, 사모펀드는 '사적으로 모집'한다는 의미로 받아들이면 크게 무리가 없습니다. '자본시장과 금융투자업에 관한 법률'에서는 이를 투자자 수로 구분하고 있습니다. 50인 이상(불특정 다수)의 사람에게 투자를 권유하는 경우를 공모라 하고, 그렇지 않은 경우(49인 이하)는 사모입니다. 실제로 사모펀드는 한 다리 건너 알지 않으면 가입할 수 없고, 존재조차 알 수 없기도 합니다.

이러한 규정 때문에 공모펀드와 사모펀드는 몇 가지 상반되는 특성을 가집니다. 공모펀드는 불특정 다수의 일반투자자를 대상으로 하는 상품이므로 규제가 엄격합니다. 그렇지만 장점도 있습니다. 웬만한 정보는 공개가 되어 있고, 언제든지, 소액으로 투자가 가능하고 환매 또한 자유롭습니다. 우리가 은행, 증권사, 온라인 등으로 가입하는 펀드는 대부분 공모펀드입니다. 알고 보면 우리에게 이미 꽤 익숙한 금융상품입니다.

사모펀드는 그 반대입니다. 규제는 상대적으로 약한 대신 정보가 폐쇄적이고, 가입이나 환매 시기도 일부 제한되어 있는 경우가 대부분입니다. 그리고 관련 법률에 의해 최소 투자 금액(통상 3억 원 이상, 일부는 5억 원 이상) 제한도 있습니다. 공모펀드에 비해 투자 대상을 다양하게 설정할 수 있는 만큼, 높은 리스크를 안고 고수익을 추구할 수도 있다는 장점이 있습니다. 소수의 투자자들만 모여서 쉽게 투자하기 힘든 특정 자산(부동산, 파생상품 등)에 투자하려고 하거나 자신의 투자 행위가 일반에게 노출되는 걸 피하려는 경우에도 사모펀드를 통해 투자하기도 합니다.

공모펀드 상품들을 살펴보면 간혹 '재간접펀드'라는 단어를 볼 때도 있습니다. 여러 사유로 인해 개인이 직접 투자하기 힘든 '다른 펀드'에 간+간접적으로 투자해 주는 펀드입니다. 투자 대상이 펀드인 것만 제외하면 일반적인 공모펀드와의 차이는 없기 때문에 공모펀드의 한 종류라고 보면 됩니다.

③ 인덱스펀드와 지수(Index)

위의 표에는 없지만, ETF로 들어가기 전에 한 가지 더 설명하고 싶은 공모펀드의 한 종류가 인덱스펀드입니다. 펀드는 일반적으로 투자 대상이 있습니다. 이 중 집합투자라는 장점을 최대한 살려, 특정 자산(군)이나 국가의 주식시장 전체에 투자합니다. 지금은 주식의 지수(인덱스)에 투자하는 펀드로 일반화되어 있습니다.

주식시장 '전체'에 투자한다는 아이디어는 어떻게 보면 지금이야 너무도 당연한 아이디어이지만, 처음에는 그렇지 않았습니다. 이는 '인덱스펀드의 창시자'라고 불리는 미국의 투자자 존 보글로부터 출발합니다. 그는 프린스턴 대학을 졸업하고 기관 투자자로 커리어를 시작합니다. 그러다가 1970년의 대폭락과 이때의 투자 실패를 계기로 회사를 나와 뱅가드그룹을 창업합니다. 그가 출시한 뱅가드 S&P500 인덱스펀드의 운용 규모는 출시 초기인 1975년 110만 달러에서 그가 사망한 2019년에는 5조 달러 규모로 성장합니다. 펀드(ETF 포함) 산업의 시작과 성장을 온전히 함께한 것입니다.

인덱스펀드의 사전적 의미는 '특정 지수(인덱스)를 추종하는 펀드'라고 하는데, 투자 상품에서 지수는 두 가지 의미가 혼용됩니다. 인덱스의 첫 번째 의미는 주식시장 전체입니다. 요즘에는 이 전체라는 것이 특정 국가의 거래소 시장이나 특정 국가인 것을 넘어 권역(대륙 또는 신흥국 및 선진국) 단위일 수도 있습니다. 그래도 가장 대중적인 국가 단위에서 우리나라를 예로 들어 보겠습니다. 먼저 우리나라의 주식시장은 거래소(코스피)와 코스닥으로 나뉩니다. 우리나라는 대륙으로는 아시아, 신흥국에 속합니다. 우리나라의 주식 전체를 담은 펀드를 만든다고 가정해 봅시다. 제일 좋은 건 시장에 상장된 종목들을 시가총액(주식 가격× 주식 수)만큼 '똑같이' 사는 것입니다. 하지만 이는 현실적으로 불가능합니다. 그만큼 많은 돈이 필요하고, 시장에 그만큼의 주식이 없을 수도 있기 때문입니다. 또, 소수점 처리 문제도 있습니다. 계산상 5.32주를 사야 한다고 나오면 5주를 사야 하는지 6주를 사야 하는지 애매합니다.

엄밀하게 말해서 대한민국의 주식시장은 코스피와 코스닥의 총합이지만 그중에서는 코스피가 이를 대표한다고 보는 것이고, 여기서 더 나아가 코스피의 전체 종목 중 200개만을 뽑아서 '코스피200'이라는 지수를 만들면 이것이 코스피를 대표한다고 봅니다. 이를 3단 논법식으로 정리하면 결국 '코스피200 = 대한민국 주식시장 전체'라는 등식이 성립하게 되는 것입니다. 이게 바로 지수의 구성과 활용 메커니즘입니다.

이런 판단에는 먼저 대표성이 작용합니다. 시장의 전체가 아니라 일부만을 담은 풀로도 시장 전체와 충분히 비슷한 등락을 보인다면 그걸로 충분하다는 것입니다. 시쳇말로 그냥 퉁쳐 주는 것이지요. 이는 자연 상태에서 순도 100%의 순금이 존재할 수 없는 것과 같습니다. 몇 년 전 일본의 규제로 인해 반도체 가공에 쓰이는 특수가스의 국산화 바람이 불었을 때 역시 이들 가스의 품질을 판단할 때도 순도가 99.99%인지, 99.9999%인지, 99.999999%인지 라는 식으로 구별을 했습니다. 진공의 무균실이라는 환경을 조성하지 않는 한, 자연 상태에서 100%는 없을 겁니다.

효율성도 작용합니다. 가능한 적은 수의 종목과 적은 주식 수를 담고도 시장을 잘 따라갈수록 이상적인 것입니다(그렇다고 종목 수와 주식 수가 적어야 잘 따라간다는 의미는 아닙니다). 지수를 구성하는 데 필요한 자금도 적고, 비용도 적고, 관리도 쉬울 테니까요. 이렇듯 대표성과 효율성 둘을 종합하면, 지수란 시장과 한없이 같아지려고는 하지만 완전히 똑같을 수는 없고, 그저 '그것만으로 충분하다'고 보는 기준인 것입니다.

코스피200 지수란 한국거래소 유가증권시장의 전 종목 가운데 시장 대표성, 유동성, 업종 대표성을 선정 기준으로 삼아, 이 가운데 시가총액이 상위군에 속하고 거래량이 많은 200개의 종목을 선정해 시가총액을 지수화한 것을 말합니다. 코스피200의 편입 종목 결정은 마치 정밀한 기계를 유지·보수하듯 주기적으로 이루어집니다. 채용 종목 중 유가증권시장 상장 폐지 사유가 발생하거나 관리 종목으로 지정된 종목이 있으면 해당 종목은 거래소가 지정한 날부터 퇴출되며 동시에 새로운 종목이 채용됩니다.[16]

사실 여기까지만 알아도 충분하지만, 지수의 특징에 대해서 언급하고 싶은 게 한 가지 더 있습니다. 하나의 시장에는 이에 상응하는 지수가 여러 개 있을 수 있다는 점입니다. 기업의 공동대표나 각자대표 같은 거라고 보면 되지 않을까 싶습니다. 대한

[16] 시사경제용어사전, 기획재정부 참고

민국 주식시장을 대표하는 지수로는 앞서 언급한 코스피200 이외에도 MSCI Korea Index라는 지수도 있습니다. 이는 모건 스탠리 캐피털 인터내셔널에서 만든 대한민국 주식시장 지수입니다. 만들고 운영하는 주체가 다르기 때문에 이 두 지수는 구성 방식이나 담긴 종목들에 차이가 있습니다. 둘 다 충분한 대표성을 지녔기 때문에 이 두 지수 모두 시장 지수로 인정을 받고 있습니다.

지수의 또 다른 의미는 특정 의도를 가지고, 그 의도를 달성하기 위해 만든 어떤 '기준'입니다. 사실은 이것이 지수의 본래 의미입니다. 주식이 가장 대중적인 투자 자산이고 거래가 용이하기 때문에 지수도 가장 발달한 게 아닐까 싶습니다. 하지만 다른 자산 또는 주식시장 전체가 아닌 특정 산업이나 업종에 대해서도 얼마든지 구성이 가능합니다. 가장 대표적인 예로 ESG 관련 지수들이 있습니다. 산업에 대한 정의와 거기 포함하는 종목(또는 자산)을 다르게 정의할수록 더 다양한 지수들이 만들어질 수 있습니다. 특히 ETF 상품이 급격히 성장하고 새로운 신산업 또는 파생산업이 하루가 멀다하고 생겨나고 있는 요즘은 그야말로 '지수'의 전성시대라고도 할 수 있습니다.

기본적으로 인덱스펀드는 기준이 되는 특정 지수(인덱스)를 가지고 있습니다. 이게 주식시장인 경우가 가장 흔해서 그렇지,

얽매일 필요가 없다는 건 이제 충분히 이해하셨으리라고 생각합니다. 그리고 이를 보통 A펀드는 B지수를 '추종'한다고 합니다. 그 지수에서 담고 있는 자산들을 실제로 매수·보유하게 되는데 이를 투자 대상 혹은 기초 자산이라고 합니다. 추종과 기초 자산의 구조는 ETF도 동일해서 지수에 대해 계속 언급할 수밖에 없습니다.

④ 상장지수펀드(Exchange Traded Fund, ETF)

자, 드디어 우리의 주인공 ETF로 왔습니다. 아들 격인 ETF가 아버지 격인 인덱스펀드와 차별화되는 지점은 시장에서 낱개로 매매가 가능하다는 점입니다. 우리가 주식을 살 때와 펀드에 돈을 넣을 때(펀드를 매수할 때)를 생각해 보겠습니다. 우리는 흔히 주식은 주식 수를 기준으로 보고, 펀드는 금액을 기준으로 이야기합니다. 주식은 '1주에 얼마인데 몇 주를 샀다'고 하지만, 펀드는 '얼마를 (펀드에) 넣었다'고 합니다. 물론 펀드도 투자 시점의 기준 가격에 따라 '좌수'라는 것이 표시되고 금액뿐만 아니라 좌수별로도 거래하기는 합니다. ETF는 상품의 구성과 운용에 있어서는 펀드와 같고, 거래에서는 주식과 같습니다. 펀드 자체가 쪼개어져 주식과 마찬가지로 거래되는 것입니다. '낱개로 쪼개어져 상장되어 주 수 단위로 거래가 가능한 인덱스펀드'가 바로

ETF입니다.

ETF는 공모펀드의 자리를 빠르게 대체해 가고 있습니다. 여기에는 거래의 편의성이 가장 크다고 생각합니다. 일반적으로 공모펀드의 경우 펀드에 돈을 넣은 시점과 내가 넣은 돈이 실제로 자산을 사는 거래를 이행하는 시점에 차이가 있습니다. 크게 봤을 때 펀드를 운용하는 자산운용사가 나의 투자금을 전달받아, 주문을 넣고, 그걸 체결시킨 다음, 나의 펀드 계좌에 표시해줄 때까지의 지연이 절차상 불가피합니다. 펀드를 매도(환매)할 때도 동일합니다. 이로 인해 공모펀드 투자를 하다 보면, 내가 펀드 환매를 신청한 시점에서의 예상 금액과 실제 입금받은 금액이 다르기도 합니다. 그러나 ETF는 이런 지연 과정이 없습니다. 주식처럼 1주 단위의 가격이 표시되어 있고, 호가에 따라서 매매가 체결됩니다. 그리고 이를 즉각 반영하여 ETF 가격이 바뀌는 모습이 실시간으로 보입니다.

거래 대상 ETF 알기

ETF를 거래하려고 할 때 맞닥뜨릴 수 있는 궁금증에 대해 이야기해 보겠습니다. 보통 ETF의 이름이 나타내는 바는 ① 자산운용사 및 브랜드, ② 지수와 기초 자산, ③ 핵심 계약사항 이 세 가지입니다. 물론 이 정보가 ETF의 모든 것을 보여주지는 않지만 여기까지만 봐도 해당 ETF가 자산 배분 투자자로서 내가 좀 더 자세히 살펴볼 필요가 있는 ETF인지 아닌지 충분히 구별할 수 있습니다.

① 자산운용사 및 브랜드

ETF의 이름에서 가장 먼저 나오는 것은 ETF의 브랜드입니다. ETF를 개발, 상장, 운용하는 자산운용사들은 각자의 독자적인 브랜드를 가지고 있습니다. 시중의 주요 ETF 브랜드와 자산운용사들은 다음과 같습니다.

물론 이게 전부는 아닙니다. 한국거래소의 〈KRX 정보데이터시스템〉을 찾아보면 약 29개의 ETF 브랜드들과 자산운용사 정보가 나올 정도로 다양한 자산운용사들의 ETF 브랜드가 상장되어 있는 걸 알 수 있습니다.[17]

ETF 브랜드가 가져다주는 의미를 이해하는 가장 빠른 방법은 아파트 브랜드와 같다고 생각하는 것입니다. 아파트는 부동산으로써의 입지가 가장 중요한 요소입니다. 그도 그럴 것이 아파트라는 건축물 또는 주거지의 형태는 기본적으로 균일할 수밖에 없습니다. 그것이 장점이기도 합니다. 각 건설사의 아파트 브랜

[17] 조회 기준일 2024.08.12

Total Return;
분배금을 입금해 주지 않고,
자동으로 재투자해 주는

KODEX (KOSPI) 200TR

↓   ↓

삼성자산운용에서 운용하는   한국거래소가 관리하는 '코스피200 지수'를
                          기초 자산으로 하는 (= 또는 추종하는)

ETF 이름에 대한 이해

운용사	ETF 브랜드
삼성자산운용	KODEX
미래에셋자산운용	TIGER
KB자산운용	RISE (구 KBSTAR)
한국투자신탁운용	ACE
키움투자자산운용	KOSEF
NH아문디자산운용	HANARO
한화자산운용	PLUS (구 ARIRANG)
신한자산운용	SOL (구 SMART)
우리자산운용	WOORI

주요 자산운용사별 ETF 브랜드
출처: 한국거래소

드는 이러한 범주를 벗어나지 않으면서도 서로 다른 소소한 차별점을 제공합니다. 아파트에 쓰인 외장재나 디자인, 단지 시설 등과 같은 외형적인 부분뿐만 아니라, 특정 브랜드에 산다는 것이 일종의 상징일만큼 비물질적인 만족감까지도 제공하는 것입니다.

ETF도 그렇습니다. 동일한 지수와 기초 자산을 갖고 있으나 어떤 ETF는 특히 시가총액 규모가 크고, 거래량도 많습니다. 가장 먼저 생겨났거나(선점 효과), 수수료가 저렴하다는 이유도 있지만 설명할 수 없는 다른 요소들도 작용합니다.

많은 자산운용사가 지금도 끊임없이 새로운 ETF를 출시하고 또 홍보하고 있습니다. 왜 그런 것일까요? ETF 역시 엄연한 사업이고 상품입니다. 많은 사람이 자사의 ETF를 보유할수록 이를 운용하면서 얻는 수익도 커집니다. 투자자들이 원하는 혹은 투자 유인을 제공하는 각종 ETF를 적시에 만들고, 이를 투자자들이 많이 보유할수록 자산운용사들의 수익이 커지게 됩니다.

요즘에는 단순히 브랜딩에만 그치지 않고, 자사의 ETF 브랜드를 리뉴얼하는 데도 열심입니다. 브랜드명 그 자체로 매력적으로 보이게 하거나, 검색 메커니즘에 따라서는 HTS 또는 MTS 검색창에서 상단으로 노출하기 위해 리뉴얼까지 한다고 할 정도입니다.

② 지수와 기초 자산

브랜드 다음으로 나오는 것이 어떻게 보면 투자자들에게는 ETF
에서 가장 중요한 정보입니다. 바로 지수와 기초 자산입니다.
ETF는 인덱스펀드의 특성을 따라 추종하는 지수와 이에 따라
매수해야 하는 기초 자산을 가진다고 했습니다. 통상적으로 브
랜드명 다음에 나오는 정보는 이를 상징합니다. 그렇게 본다
면 KODEX 200TR에서 200은 바로 한국의 유가증권시장(코
스피)에서 대표적인 종목 200개를 뽑아서 만든 시장 지수인 코
스피200을 의미합니다. 코스피는 시장 전체인 것이고, 코스피
200은 코스피를 추종하기 위한 목적으로 만들어진 종목 풀입니
다. 200은 코스피200 지수에만 있는 고유 숫자이기 때문에 숫자
만 봐도 이게 어떤 지수인지를 바로 이해할 수 있는 것입니다.

여기서 한 발 더 나가 보겠습니다. 앞서 브랜드명은 ETF가
상장되어 있는 시장을 의미하기도 한다고 했습니다. 그리고 그다
음 부분은 기초 자산을 보여 줍니다. 여기서 시장은 우리나라 시
장과 해외가 있을 것이고, 기초 자산 역시 우리나라의 자산과 해
외 자산이 있을 것입니다.

그래서 이러한 네 가지 조건을 가지고 특정 ETF를 이야기
할 때는 'OO 상장 ** ETF'라고 합니다. 여기서 OO은 그 ETF
가 상장되어 있는 시장, 즉 해당 ETF를 거래할 수 있는 국가의

기초 자산 \ 상장	국내	해외
국내	(예) KODEX 200TR	해외 상장 국내(자산) ETF (예) iShares MSCI South Korea (EWY)
해외	국내 상장 해외(자산) ETF (예) ACE 미국 S&P500	(예) Vanguard S&P500

상장 시장과 기초 자산에 따른 ETF 분류

시장을 의미하고, **은 그 ETF가 담고 있는 기초 자산이 어느 나라의 자산인지를 의미합니다. 코스피200 지수와 MSCI South Korea 지수 모두 대한민국의 주식시장을 추종하는 지수입니다. 다만 KODEX(삼성자산운용의 ETF)는 우리나라 시장에 상장되어 있고, iShares(블랙록의 ETF)는 미국 시장에 상장되어 있기 때문에 다르게 분류되는 것입니다.

참고로 자산 배분 계좌에서는 국내 상장 ETF 즉, 국내 상장 국내(기초 자산) ETF와 국내 상장 해외(기초 자산) ETF만을 거래 대상으로 합니다. 왜냐하면 자산 배분을 우선적으로 하는 연금저축, IRP, ISA, 그리고 퇴직연금 DC는 기본적으로 우리나라 시장에서 원화로 매매를 해야 하기 때문입니다. 그런 면에서 이제 웬만큼 필요한 해외자산들은 모두 우리나라 자산운용사들이 내놓은 국내 상장 ETF만으로도 충분히 폭넓게 살 수 있다는 점이 얼마나 축복인지 모르겠습니다.

지수와 기초 자산을 기준으로 한 ETF 분류에 대해서 알고 지나가면 좋은 것이 하나 더 있습니다. ETF도 어떤 지수와 기초 자산을 담고 있느냐에 따라서 몇 가지 그룹으로 나누어 볼 수 있다는 사실입니다. 증권 등 포털 사이트를 보면 나누어 보여주고 있으니 이를 참고할 수 있습니다. 하지만 저는 ETF의 종류를 다음 표와 같이 구분하고 있습니다.

개인투자자로서 ETF 투자가 가지는 가장 큰 장점은 직접투자가 힘든 자산까지, 쉽고 간편하게, 적은 금액을 가지고도 보유할 수 있다는 점입니다. 이를 여러 자산으로 확대하면 분산 또는

구분	내용	해외
기초	하나의 자산(군)으로 이루어진 것	KODEX 200TR
혼합	둘 이상의 자산(군)을 담은 것	KODEX 200미국채혼합
산업(섹터)	특정 분류에 따른 산업(섹터) 담은 것	KODEX 반도체
테마	산업군으로 분류되지 않은 업종의 조합	RISE 수소경제테마
스타일	특정 조건에 따라 검증된 결과를 보이는 종목들로 조합한 것(ex 저변동, 고배당 등)	TIGER 경기방어 PULS 고배당주
파생	파생계약을 곁들어 자연적인 시장 등락에서는 발생할 수 없는 인위적인 성과를 추구하는 것(ex 인버스, 레버리지(2배, 3배 추종))	KODEX 인버스 KODEX 200선물인버스2X KODEX 레버리지
액티브	매니저의 투자 판단을 더해 추종하는 지수보다 높은 수익률을 추구하는 것	ACE 주주환원가치액티브

국내 상장 ETF의 분류

배분의 효과를 가집니다. 이것만으로도 금융상품으로서의 ETF의 가치는 차고 넘칩니다.

그러나 우리나라 시장은 ETF에 있어서도 테마와 파생에 대한 선호가 유난히 강합니다. 왜 그런 것일까요? 그건 아마도 ETF를 매매하면서도 단기간에 높은 수익과 거래에서 오는 '짜릿함'을 추구하기 때문인 것 같습니다. 충분히 할 수 있는 투자 전략이라고 생각은 하지만, 개인적으로 뭔가 꺼림직한 감정은 털어낼 수 없습니다.

자산 배분 투자를 하려는 우리는 기초 ETF와 혼합 ETF만을 고려하면 충분하다고 말씀드리고 싶습니다. 특히 한 가지 지수(기초 자산)을 담고 있는 기초 ETF가 이 상품의 본질을 가장 잘 나타내고 있다고 생각합니다. 분산 효과는 이런 기초 ETF를 여러 종류, 가능하면 상관관계를 지닌 자산의 기초 ETF를 보유하는 것으로 달성할 수 있습니다. 혼합 ETF는 IRP나 DC와 같이 정책적인 제한으로 인해 특정 자산의 편입이 어려울 때 한해 제한적으로 검토해볼 만합니다. 이외에 특정 산업이나 테마 ETF를 담고 싶은 마음이 들었다면 그건 진정한 분산도 아닐뿐더러, 한편으로는 앞에서 언급한 바 있는 '액티브의 함정'에 빠진 것이라고 봐야 합니다.

진정한 분산은 여러 자산(군)을 보유함으로 달성되는 것입니다. ETF는 구조상 특정 자산(군) 전체 혹은 종목 풀로 이루어진 지수를 추종하고 있어서 그 자체로 분산되어 있고 안전하다고 생각하는 분들이 있기도 합니다. 하지만 그렇지 않습니다. ETF 1주를 매수할 때는 그 지수 그리고 해당 지수가 추종하는 자산(군)을 산 것과 같은 '효과'는 얻을 수 있지만, 엄밀하게 말하면 그 자산 자체를 산 것은 아닙니다. 기본적으로 ETF는 거래가 용이하도록 펀드를 쪼개어 상장, 거래하고 있습니다. 낱개, 조각, 쪼개기 등등 뭐든 좋습니다. 이러한 판매 방식은 일반적이지 않아서 그렇지 이미 실생활에서도 가끔 보곤 합니다. 위워크(WeWork)와 같은 공유 오피스를 생각하면 쉽습니다.

ETF 역시 기본적으로 이런 메커니즘을 가집니다. KODEX 200TR을 보면, 물론 대한민국 전체 주식시장을 추종하는 지수의 ETF를 샀기 때문에 일반적인 종목 1개 혹은 10개를 산 것보다 더 분산되어 있고 안전한 것은 사실입니다. 하지만 이를 좁게는 전 세계의 주식시장, 더 넓게는 우리가 살 수 있는 모든 자산(군)의 관점에서 보면 기껏해야 대한민국의 주식 또는 신흥국 주식시장의 극히 일부분만을 담은 것입니다. 그것도 변동성이 꽤 크고, 연간으로는 수익보다 손실 빈도가 더 큰 시장을 말입니다. 분산이 전혀 되어 있지 않은 것은 물론이고, 안전하지도 않습니다.

③ 핵심 계약사항

마지막입니다. 여기에 붙는 정보는 주로 해당 ETF의 운용에 있어 핵심적인 계약사항을 의미합니다. 이 정보가 있는 ETF보다는 없는 ETF가 오히려 더 많습니다. 조건이 있는 경우에 대해서는 가장 흔하게 볼 수 있는 것이 TR과 H입니다.

TR은 Total Return의 약자입니다. ETF의 경우 추종하는 지수가 정의하는 기초 자산을 실제로 보유하고 있기 때문에 해당 자산에서 현금 흐름(이자, 배당, 임대료 등 운용 수익 등)이 발생합니다. 우리가 주식을 보유하고 있으면 배당금을 받는 것처럼 보통의 ETF는 세금을 원천징수하고 분배금이라는 이름으로 투자자에게 현금으로 나누어 줍니다. 이게 일반적입니다. 그러나 TR이 붙은 ETF는 분배금을 현금으로 나누어 주지 않고, 이를 그대로 재투자합니다. 우선은 세금을 내지 않은 금액이 자동으로 재투자가 되니 더 큰 장기 복리 효과를 기대할 수 있습니다. 이렇게 절약한 세금을 아예 내지 않는 것은 아니고, ETF 매도 시점에서 정산하게 됩니다.

- KODEX 200 → 분배금의 15.4% 세금을 제외하고 나머지를 계좌로 현금 입금
- KODEX 200TR → 분배금 전체를 ETF에 그대로 재투자, 세금은

세제 혜택 계좌에서 자산 배분 투자를 한다면 일반적으로는 TR이 붙은 ETF를 보유하는 것이 더 나음은 강조할 필요가 없습니다. 과세 이연 및 분배금 자동 재투자의 효과가 ETF 자체의 특성에 계좌의 특성까지 더해져 극대화되기 때문입니다.

그다음 자주 볼 수 있는 ETF의 핵심 계약사항으로는 (H) 또는 H가 있습니다. H는 헤지(Hedge)를 뜻하는 표시입니다. 헤지라는 단어 자체를 옥스포드 영어사전에서 찾아보면 '어떤 것의 주위에 형성된 담장이나 경계 표시'라고 나옵니다. 그러나 금융에서는 의미가 다릅니다. 목표를 이루기 위해 하는 거래 행위에서 불가피하게 발생하는 부과 효과에 대해 이와 정확히 반대되는 효과를 주는 다른 거래 행위를 하여 효과 자체를 없던 것처럼 만드는 것입니다. 피하는 것도 아니고, 막는 것도 아니며, 물을 타서 묽거나 약하게 만드는 것이 아닙니다. 정확히 반대 방향으로 똑같은 정도의 충격을 줘서 상쇄하는 것에 가깝습니다. 권투 선수 2명이 서로 주먹을 맞대어 방어하는 것이라고 해야 할까요?

실제 국내 상장 해외(기초 자산) ETF로 따져 보겠습니다. 가장 대표적으로 미국의 S&P500에 달러로 투자하며, 환헤지를 하지 않는 경우입니다.

사실 이것만을 보고는 환헤지를 하는 것이 좋은지 나쁜지에 대해 논하기에는 불충분합니다. 다만 장기적인 경향을 가지고 이야기해 보면 기초 자산과 달러-원 환율의 어떤 방향성이 수익이 날 확률이 높은지이 대해서는 이야기할 수 있습니다. 이에 대한 두 가지 전제가 있습니다.

· 미국의 주식시장은 장기적으로 우상향한다
· 달러-원 환율은 장기적으로 오른다

그렇다면 해당 ETF를 투자하는 동안 마주할 수 있는 시나리오는 ①과 ② 또는 ①과 ③ 중에서 한 가지 경우가 많을 것입니다. 이를 통해서 본다면 달러-원의 관계에 있어서는 환을 노출하는 것(또는 환헤지를 하지 않는 것)이 수익 확률이 높아지거나 기대할 수 있는 수익의 크기가 큽니다. 우리나라와 미국은 자산뿐만 아니라 통화에서도 상관관계를 가지기 때문에 한마디로 궁합이 좋습니다. 환노출을 하게 된다면 수익이 극대화되거나, 기초 자산과 환율 사이에서 한쪽의 변동성을 다른 한쪽이 상쇄하는 효과를 주는 경우가 많습니다. 그리고 또 달러와 원화 모두 기본적으로 회복력이 좋은 통화입니다. 자산이나 통화에 악영향을 주는

시나리오	기초 자산 (S&P500)	환율 (달러-원 환율)	결과 (원화 표시 평가금액)
①	오름	오름	수익 극대화
②	오름	내림	둘의 차이에 따라 다름
③	내림	오름	둘의 차이에 따라 다름
④	내림	내림	손실 극대화

ACE 미국 S&P500 ETF 지수 가격변화와 환율 등락별 시나리오

위기가 발생했다고 하더라도 다른 나라에 비해 단기간에 회복할 것이라는 믿음을 가지고 장기간 투자할 만한 자산들입니다.

다만, 이는 달러-원 관계에 대해서 그런 것이고, 현지화로 투자를 하는 다른 지역에 대해서는 모두 개별적으로 따져야 합니다. 원화를 환전하여 투자를 집행하는 통화가 달러화 대비 어떻게 움직이는지, 원화 대비 변동성이 큰지 작은지입니다. 기본적으로 원화보다 달러 변동성이 큰 나라라면 투자를 보류하는 것이 좋다고 생각합니다. 대표적인 나라가 브라질, 러시아, 베트남입니다.

환헤지가 불리한 또 다른 이유는 헤지를 위한 금융 비용이 추가로 들어간다는 점입니다. 그리고 이 비용은 기본적으로 비쌉니다. 어떤 거래에서 발생하는 부가적인 효과는 자연스러운 것인데 반해, 이를 헤지하기 위해 필요한 반대 계약은 대부분 인위

적 혹은 인공적입니다. 그나마 외화 헤지는 그나마 저렴하다고 합니다만, 여전히 연간 2% 내외가 들어가는 것으로 알려져 있습니다. 운용 수수료 등 ETF 보유에 따른 나머지 비용들과 비교해 보면 이는 '매우' 높은 수준입니다.

우리나라 펀드나 ETF를 볼 때 재미있는 현상은 여전히 환헤지를 하는 상품들이 많이 출시되고 또 인기가 있다는 점입니다. 저는 이 점이 우리나라가 가진 그 특유의 'IMF 트라우마' 중 하나가 아닐까 싶습니다. 우리나라가 IMF 위기를 겪었고, 아직 해외투자가 활성화되어 있지 않았던 시절에 출시된 펀드나 ETF 들은 대부분 환헤지가 기본이었습니다. 환헤지가 되어 있지 않다면 '절대 사지 말아야 할' 상품으로 분류되던 시절도 있었습니다. 이때의 낡은 생각이 변하지 않고 아직도 이어지는 것이죠.

그러나 환헤지를 하지 않는(환노출) 트렌드도 점차 확대되고 있습니다. 해외자산 투자가 대중화되면서, 투자자들이 환 변동 자체에 익숙해지고 있기 때문입니다. 이에 앞으로는 자연스럽게 환노출을 하는 ETF 들이 좀 더 많아졌으면 합니다.

자산 배분 투자자에게 ETF가 축복인 이유

자산 배분 투자를 하려는 입장에서 ETF 시장의 성장은 구세주입니다. 자산 배분 투자의 구성은 보통 주식, 채권, 금, 그리고 예금(현금)입니다. 여기에 주식은 다시 미국 주식, 한국 주식, 일본 주식, 중국 주식, 그 외 인도, 베트남 등으로 나눌 수 있습니다. 또 내가 추구하는 배분 전략에 맞추어 얼마든지 유연한 포트폴리오 구축이 가능합니다. 그리고 리밸런싱도 손쉽고 빠르게 할 수 있습니다.

물론 이전에도 자산 배분 투자에 필요한 금융상품이 없었던 것은 아닙니다. 펀드도 가능했고, 일부 자산(군)은 관련 ETF가 존재해 왔습니다. 문제는 접근 가능성과 편의성, 비용입니다. ETF가 지수 추종에서 일정 부분 효율성을 추구하는 것처럼 저 역시도 자산 배분 투자에 활용한 여러 금융상품 간의 효율성을 계속 가늠질하고 있었고 아직은 아니라는 생각에 더 쏠려있었던 것뿐입니다.

'세제 혜택 계좌에서의 자산 배분 투자'에는 두 가지 핵심 수단이 있습니다. ETF와 투자 자문 서비스(Advisory Service)입니다. 그중 첫 번째 조건은 당연히 편의성 있고 비용이 저렴한 ETF였습니다.

저는 ETF 시장이 이렇게 빨리 활성화되리라고는 예상하지 못했습니다. 이런 상품과 시장이 있다는 것 정도만 알고 있었습니다. '모든 주식을 소유하라'는 슬로건으로 인덱스펀드를 창시한 존 보글의 뱅가드그룹 창업 이야기나, 지금은 iShares라는 브랜드로 가장 큰 ETF 회사가 된 블랙록의 이야기를 접할 때마다 언젠가 우리나라도 이런 투자 문화가 대중화될 거라는 기대를 가지고 있었습니다. 그래서 2017년 무렵부터 ETF를 활용한 간접투자가 본격적으로 성장하고 있다는 걸 알았을 때, 이런 변화가 대단히 반가웠습니다. 제가 기대하던 시기가 예상보다도 빨리 왔다는 놀라움도 있었습니다.

자산 배분 투자자에게 꼭 필요한 ETF의 조건

그럼 어떤 ETF를 보유해야 할까요? 당연히 좋은 ETF입니다. 여기서 '좋은'의 의미는 주체마다 다를 것이며, 동일 주체라고 하더라도 목표나 이해관계에 따라서 다를 수 있습니다.

ETF를 만들고 운용하는 자산운용사 입장에서는 많은 사람들이 보유하고 거래하는 혹은 언론에 많이 오르내려서 브랜드 홍보 효과가 있는 ETF가 좋은 ETF라고 할 수 있을 겁니다. 실제로도 이를 위해 많은 ETF 상품들을 끊임없이 출시하고 또 다양한 채널을 통해 홍보하고 있습니다.

ETF에서도 소위 '대박' 상품은 중요합니다. 만약 ETF가 설계된 대로 운용되고 있는지 평가해야 하는 제삼자의 입장에서는 어떤 지수를 추종하는지, 해당 지수가 실제로 기초 자산의 등락률을 잘 따라가고 있는지, ETF는 상장폐지가 되지 않을 만큼 충분한 시가총액을 차지하고 있으며 거래가 잘 되는지가 중요할 것입니다. ETF를 시세차익의 대상으로 삼는 투자자에게는 단기간에 많이 오르는 ETF가 좋을 것입니다. 어느 때라도 현금 확보를 할 수 있도록 단기 자금을 담아 두려는 목적을 가지고 있는 투자자에게는 거래가 활발하고 또 거래 호가 간의 차이가 적은 ETF가 좋을 것입니다.

하지만 우리는 세제 혜택 계좌에서 각자 마련한 자산 배분 전략에 따라 10년 이상의 장기투자를 추구하는 투자자입니다. 이런 관점에서 ETF 선택에 대한 제 결론은 '투자하기로 마음먹은 자산(군)의 기초 ETF를 제외한 나머지는 쳐다볼 필요가 없다'라는 것입니다. 전통적인 자산 배분에서는 그 이상의 복잡함을 요구하지 않습니다. 일부 제한적인 경우에 한해 두 가지의 기초 자산을 특정 비율별로 담은 혼합 ETF까지만 고려해 볼 수 있다는 정도가 예외인 것 같습니다.

몇 가지를 추가하여 자산 배분 투자자에게 '좋은' ETF라고 할 수 있는 조건들을 정리하면 다음과 같습니다.

① 기초 자산

가능하면 1개의 단일 자산으로 구성된 것이 좋습니다. 왜냐하면 배분 계획을 짜고 성과를 추적하기에도 좋기 때문입니다. 리밸런싱할 때도 좋습니다. ETF가 대중화됨에 따라, 소비자의 귀찮음을 해소해 주려는 이유로 하나의 ETF가 그 자체로 포트폴리오가 될 수 있도록 둘 이상의 자산을 담은 채로 출시되는 상품도 있습니다. 그러나 개별 ETF를 통해 따로따로 담을 수 있다면 그렇게 하는 것이 좋습니다.

흔히 저는 이걸 과자 선물 세트에 비유하곤 합니다. 선물 세트는 편하기는 하지만, 어쩔 수 없이 내가 원하지 않는 혹은 싫어하는 과자까지도 살 수밖에 없습니다. 내 계좌는 소중하기 때문에 조금 수고스럽더라도 내가 원하는 자산(군)으로 나만의 포트폴리오를 만드는 것이 중요합니다.

② 기초 자산의 현·선물 여부

동일한 기초 자산을 담고 있다고 하더라도, 그 자산이 현물 혹은 선물 계약인지를 보는 것이 좋습니다. 만약 어떤 자산(군)에 현물과 선물 ETF가 둘 다 있다면, 일반적으로 현물 ETF가 더 낫습니다. 보유 비용이 적을뿐더러 기초 자산의 가격을 더 잘 따라가는 경향이 있기 때문입니다.

일부 기초 자산의 경우 투자상 제한으로 인해 불가피하게 선물로 출시를 할 수밖에 없는 경우도 있습니다. 국내 상장 미국 국채가 그런 경우인데, 이런 경우는 선물이라고 해도 큰 문제는 없습니다.

③ 총비용

투자자가 흔히 어떤 ETF를 보유함으로써 치루는 비용은 크게 두 가지입니다. 하나는 운용 수수료입니다. ETF가 시장에서 유지 및 거래될 수 있도록 관리해 주는 비용입니다. 이외에도 각종 부대 비용이 있습니다. 단순 관리 이외에 그 ETF에서 정의하고 있는 사항들을 유지하기 위해 불가피하게 들어가는 외부 비용들로, 주로 환헤지 비용이 이에 해당합니다. 이 둘을 합한 것이 여러분이 지불하는 전체 비용입니다. 따라서 ETF를 볼 때는 총비용 관점에서 꼼꼼히 따져 봐야 합니다.

ETF가 대중화되고, 같은 지수 또는 기초 자산을 추종하는 ETF가 여러 자산운용사에서 출시되면서 이 역시 무한 경쟁을 하는 상품이 되고 있습니다. 아니, 이미 되어 버렸습니다. 이에 '낮은' 운용 수수료는 각 자산운용사의 주요 마케팅 포인트입니다. 이러한 부대 비용들은 규정 외 사항으로 제대로 알려지지 않은 것이 보통입니다. 거기에 더해 ETF의 비용 징수 구조가 자동적으로 ETF 가격에 반영되는 식으로 이루어짐에 따라 보유하고 있는 투자자들은 지불 금액을 체감하기가 힘들어 부대 비용을 쉽게 무시합니다. 하지만 구조적으로 환헤지나 보유 계약 연장(롤오버)을 해야 하는 일부 ETF는 이러한 부대 비용이 운용 수수료의 10배 혹은 그 이상을 차지합니다.

④ 시가총액

당연히 같은 조건을 가진 ETF라면 시가총액이 큰 것이 좋습니다. 이는 ETF의 상장 유지 조건이기도 합니다.

⑤ 거래량

같은 조건을 가진 ETF라면 거래량도 많은 것이 좋습니다. 그래야지만, 내가 거래하려는 시점에서 거래 시스템에 표시된 금액에 따라 충분한 양을 거래할 수 있습니다. 이는 주식과 동일합니다. 그리고 거래량 역시 시가총액과 마찬가지로 ETF의 유지 조건이기도 합니다.

⑥ 환헤지

헤지가 좋은지 노출이 좋은지에 대해서는 기초 자산이나 통화에 따라 차이가 있어 딱 잘라 말할 수는 없지만, 요즘은 '하지 않는 것이 트렌드이다' 정도로 짚고 넘어가도록 하겠습니다.

⑦ 추적 오차

앞에서도 언급한 대표성과 효율성에 따라 설정하고 있는 지수와 기초 자산의 변동을 가능하면 똑같이 따라가는 ETF가 좋은 ETF입니다. 그리고 이를 두고 추적 오차가 적다 혹은 괴리율이 적다(낮다)고 합니다. 간혹 보면 추종 지수보다 높이 올라가는 걸 기대하는 식으로 이야기하는 분들도 있기는 한데, 이 역시 바람직하지 못한 시각입니다.

만약 앞의 요건들을 모두 챙기기 어렵다면, 이 세 가지만 보시기 바랍니다.

· 기초 자산이 한 가지로 이루어져 있으면서 선물보다는 현물인 것
· 총비용이 낮은 것
· 환헤지를 하지 않는 것

① 금 ETF마다 다른 수익률

금은 자산 배분 투자에서 택할 수 있는 대표적인 원자재 자산입니다. 국내에 상장된 ETF는 크게 두 가지 종류가 있습니다. 이 두 ETF는 같은 자산(군)의 ETF이면서도 세부적인 구성 조건이 모두 달라 좋은 비교가 됩니다.

어떤 점이 다를까요? 우리가 ETF 이름을 읽는 법에서 다루었던 요소들을 활용해 하나하나 짚어 보겠습니다. 일부 정보들은 표시되어 있지 않아 해당 자산운용사의 홈페이지에서 (간이)투자설명서를 참고하였습니다.

2024년 1월부터 7월까지의 추이를 보면 전반적으로 비슷한 패턴이지만 ACE의 수익률이 대체로 좋습니다. 그럼 ACE KRX 금현물이 더 좋은 ETF일까요? 비용이나 환율 추이 등을 토대로 예상하는 바로는 대체로 그럴 것입니다. 하지만 이런 ETF의 구조 차이는 투자자의 필요에 따라 얼마든지 달라질 수 있다는 걸 염두에 두어야 합니다. 투자의 세계에서는 현물보다는 선물을, 환노출보다는 환헤지를 선호할 요인이 얼마든지 있습니다.

어떤 자산(군)에 대한 ETF를 찾고자 할 때 이렇게 서로 다른 조건을 가진 ETF가 복수로 있어서 비교와 선택을 할 있으

구분	자산운용사	추종 지수	자산 특성	환헤지 여부
ACE KRX금현물	한국투자신탁운용	KRX 금현물 지수	현물	×
KODEX 골드선물(H)	삼성자산운용	S&P GSCI Gold Index(TR)	선물	○

두 국내 상장 금 ETF 조건 비교

면 정말 나은 경우에 속합니다. 금만 하더라도 우리의 인식으로는 대중적인 데 반해 ACE KRX금현물이 2021년에서야 상장되었습니다. KODEX 골드선물(H)은 2010년에 상장하였습니다. 2021년 이전에 자산 배분 투자자가 금을 투자하기 위해서는 KODEX 골드선물(H)가 거의 유일한 선택지였으며, 2010년 이전에는 국내 상장 ETF로는 투자할 수 있는 길이 없었습니다.

② 원유, 천연가스 ETF의 구조적 한계

원자재의 자산(군)에서 보통 금을 담는 ETF 포트폴리오를 제안하면 거의 대부분 원유와 천연가스, 농산물에 대해서도 질문합니다. 또 이 자산은 이제 국내 상장 ETF에도 관련한 상품들이 얼마든지 있습니다. 앞서 말했듯 자산 배분 투자에서는 일종의 '대표성'과 '효율성'의 논리가 작동합니다. 자산 배분 투자에 있어 나머지 원자재 상품(또는 ETF)들은 효율성이 너무나도 떨어져서 아예 배제를 하더라도, 나의 자산 배분 전략(또는 포트폴리오)의 대표성이 훼손되지 않습니다. 되더라도 매우 적습니다. 반대로 말하면 금이 그만큼 높은 대표성과 효율성을 가지는 자산이라는 뜻도 됩니다.

먼저 원유 ETF는 보통 현물이 아닌 선물 계약을 기초 자산으로 담고 있고, 특정 주기(보통 매월)마다 이 계약을 교체하는 롤오버가 발생합니다. 원유 ETF를 이해할 때 알아야 하는 용어가 몇 가지 있습니다.

- 롤오버: 만기가 된 선물 계약을 정리하고 새로운 선물 계약으로 대체하는 것
- 베이시스: (어떤 자산의) 현물 가격과 선물 가격의 차이
- 콘탱고: (어떤 자산의 가격이) 현물 < 선물
- 백워데이션: (어떤 자산의 가격이) 현물 > 선물

문제는 금융시장에서의 계약은 공짜가 아니고 비용이 든다는 점입니다. 선물 계약을 체결하고 유지하는 과정에서 한 번 발생하고, 기존의 선물 계약을 정리하는 과정에서 현물과 선물의 가격 차이로 인해 비용(손실)이 또 한 번 발생합니다. 두 번째는 손실이 아닌 수익이 날 수도 있겠지만, 계약 체결 및 유지 비용이 이

를 초과하기 때문에 둘이 합쳤을 때는 대체로 비용 손실이라고 봅니다.

원유 ETF는 이런 비용이 불가피합니다. 이렇지 않고서는 원유 ETF라는 상품 자체가 성립할 수 없어 구조적으로, 주기적으로 확실하게 발생하는 것입니다. 원유 ETF 투자자들은 원유 가격의 상승이 이런 구조적인 비용을 넘어서야만 수익을 낼 수 있는 일종의 페널티를 안고 투자하는 것입니다.

ETF 자체는 원유 가격의 변동을 잘 반영하는 것일까요? 그것도 아닌 것처럼 보입니다. 왜 그런 걸까요? 앞서 '선물 계약'을 하나로 뭉뚱그려 언급했지만, 기간에 따라 여러 종류가 있습니다. 예를 들면 1개월 선물, 2개월 선물, 3개월 선물 등이 하나의 포트폴리오처럼 일정 비중으로 섞여 있습니다. 물론 원유 ETF를 운용하는 자산운용사는 선물 계약의 비중을 잘 조절하여 최소의 비용으로 원유 현물 가격을 최대한 정확하게 추종할 수 있도록 '노력'은 하겠지만, 그렇지 못할 수도 있는 것입니다. 그리고 이는 현물이든 선물이든 원유 가격의 변동성이 심할 때 더욱 극단적으로 나타납니다.

제조업은 기본적으로 자원의 투입과 산출물이 일치합니다. 생산성에 차이가 있을 수는 있지만 자원 10개를 투자한 사람이 자원 100,000개를 투자한 사람보다 산출물이 많을 수는 없습니다. 하지만 투자는 그렇지 않습니다. 바로 마이너스(손실)이라는 지점이 있기 때문입니다. 그래서 투자에서는 올바른 결정을 적시에 내리는 것이 훨씬 더 중요하며, 자산 배분도 투자에서도 마찬가지입니다.

③ 러시아 인덱스 ETF

자산 배분 투자에서 주식은 보통 국가의 상장시장 단위로 투자한다는 말을 여러 차례 했습니다. 그럼 이렇게 투자하면 안전할까요? 절대 그렇지 않습니다.

신흥국 증시에 대한 투자 수요가 증가함에 따라 2017년, 우리나라의 한 자산운용사에서 국내 최초로 러시아 증시에 투자하는 ETF를 상장했습니다. 해당 ETF는 MSCI의 러시아 관련 합성 지수를 추종하는데, 이는 거래 상대방이 있는 스와프 계약으로 만들어진 지수였습니다. 평소와 같다면 이런 선물 계약은 이점이 많습니다. 특히 작은 자산규모 대비 저렴한 비용으로도 해당 자산에 투자한 것과 같은 효과를 낼 수 있다는 장점이 있습니다. 시장에 엄청난 충격을 주는 '검은 백조'와 같은 사건만 터지지 않는다면 말입니다.

그런데 그것이 오고야 말았습니다. 갑자기 2020년에 러시아-우크라이나 사태가 터지며, 러시아 증시가 급락합니다. 이에 스와프 계약의 특성에 따라 한쪽이 거래 정지되거나 청산이 되면 연동된 쪽도 유사한 상황에 처하게 되는 일이 발생합니다. 실제로 해당 ETF는 장 중 하한가 이후에 거래 정지를 당하게 됩니다. 청산을 하고자 해도 관련된 계약과 연동이 되어 함께 정리되어야 하기 때문에 이루어지기가 쉽지 않습니다. 이에 해당 ETF는 3년여 이상 거래 정지 상태에 있습니다.

러시아-우크라이나 사태가 잘 해소되어 해당 ETF의 거래가 재개되고, 이후 러시아 증시가 급격히 상승한다고 해도 투자자들은 손실을 회복할 수 있을까요? 가능성이 매우 낮은 시나리오라고 생각합니다. 50%의 손실을 회복하기 위해서는 100%가 올라야 한다는 점을 기억한다면 더더욱 그렇습니다.

④ 엔화로 거래하는 미국 초장기채 ETF

자산 배분 투자에서 일반적으로 채권은 미국과 우리나라의 국채, 그것도 만기 10년의 중기채에 투자합니다. 그래도 자산 배분에 대해서 남들보다 약간은 먼저 고민하기 시작했던 제 입장에서는 국채에 대한 투자를 ETF만으로 편하게 할 수 있다는 것에 감격스러울 때가 많습니다.

사실 국채도 만기에 따라 단기, 중기, 장기, 초장기 등 여러가지 종류가 있고, 최근에는 이에 대한 일반 투자자들의 니즈를 반영해서인지 다양한 만기를 가진 국채 ETF가 나오는 추세입니다. 저는 이런 국채 ETF가 있다는 것을, 그리고 여기에 꽤 많은 사람이 투자하고 있다는 것을 신문 기사를 보고서야 알았습니다.

제가 보기에 국채 ETF에 대한 투자 결정은 두 가지 조건이 모두 맞아 들어가는 것을 기대하고 하는 일종의 '레버리지' 행위입니다.

· (시나리오 1) 미국의 기준금리 인하
· (시나리오 2) 엔화의 평가절상(달러-엔 환율 하락)

그리고 미국의 기준금리 인하 시 가격 탄력성이 가장 큰 초장기채를 투자함으로써 수익을 극대화하겠다는 기대가 깔려 있습니다. 반대 방향인 손실 가능성이 크다는 것은 두말할 필요도 없습니다.

이런 ETF에 단기적인 시각으로 투자하는 것은 성과 여부나 수익률을 논하기 앞서서 자산 배분 투자자 입장에서 그 자체로 인정하기 힘든 부분도 있습니다. 아이디어와 수익은 1:1로 대칭되도록 설정하는 것이 투자의 기본입니다. 'A라는 아이디어로 투자를 실행하고 그것이 맞았을 때 수익이 난다'와 같이 단선적이어야 하는 것입니다. 현실에서의 투자는 내 아이디어가 맞았다고 하더라도 다른 요인, 나를 제외한 나머지 다수 투자자들의 반응, 거래 타이밍 등으로 인해 충분한 수익을 내지 못할 가능성이 다분합니다. 좀 더 심하게 말하면 아이디어가 맞아도 잃을 수 있고, 틀려도 벌 수 있습니다. 소위 말하는 '대응'입니다. 아이디어와 대응, 이 두 가지 결정만으로도 투자는 충분히 어려운 행위입니다.

그런데 이런 투자는 두 개의 아이디어가 모두 맞았을 때 비로소 내가 기대한 만큼의 수익이 납니다. 하나만 맞으면 각 아이디어 요소의 그 변동 폭에 따라서는 손실이 날 수도 있습니다. 그리고 둘 다 틀리면 꽤 큰 손실이 납니다.

그리고 이는 채권이라는 자산(군)이 주는 '분산'의 관점을 무시한 투자이기도 합니다. 채권은 보통 주식과 상호보완 관계가 있으며, 금리 인하기에는 수익도 적지 않게 나는 등 그 자체로 훌륭한 자산입니다. 또 미국 국채는 위기 때, 그 위기의 정도가 클수록 빛이 나는 자산입니다. 따라서 리스크 대비 차원에서도 일정 비율은 가지고 있어야 하며, 그것만으로도 보유 가치는 충분합니다. 자산 배분의 관점에서 기대수익률은 주식의 편입 비중을 높이는 것으로 달성한다고 언급한 바 있습니다. 이를 바꿔 말해, 채권의 비중을 높이면 수익률은 좀 희생을 하더라도 낮은 변동성을 얻는다는 의미도 됩니다. 따라서 채권을 투기적으로 접근하는 건 바람직하지 않습니다.

⑤ 산업, 테마 ETF의 후행성

새로운 ETF를 개발, 상장, 운용하고 있는 자산운용사의 입장에서는 자사의 ETF가 활발히 거래되는 것이 좋은 이해관계를 가지고 있습니다. 필요나 투자자들의 이해관계를 반영하여 상품을 개발하기도 하지만 트렌드를 포착 또는 선도할 목적으로 상품을 만들기도 합니다. 특히 산업, 테마 ETF에서 이런 경향이 강하게 드러납니다.

투자자 입장에서 이런 ETF를 투자할 때는 한 가지 크나큰 애로사항이 있습니다. 바로 해당 산업, 테마 ETF는 이러한 열풍에 후행하기 쉽다는 점입니다. 앞서 말했듯 ETF도 펀드이고, 이는 집합투자증권(기구)으로 투자자 보호를 위해 관련 규제를 받는 금융상품입니다. 이로 인해 ETF 하나를 새로이 상장하기 위해서는 약 4~6개월 정도의 적지 않은 기간이 소요됩니다. 최대한 간단히 요약하면 일반적으로 다음과 같은 절차를 거치게 됩니다.

· 트렌드 포착 → 내부 논의 및 보고 → 상품구조 설계 → 인허가
  취득 및 신고 → 상장 → 마케팅

이런 산업 트렌드가 충분히 오래 간다면 괜찮겠지만, 우리나라는 시총 규모도 작고 자산(군) 간의 자본이동도 자유로운 데다 시장 참가자들의 결정이 매우 빨라서 한 가지 테마가 오래(1년 이상) 가기 힘듭니다. 그래서 ETF 상장 직후 또는 그리 길지 않은 일정 기간 동안에는 수익률이 나쁘지 않을 수 있지만, 중·장기적으로 큰 수익을 가져다주는 경우가 나타나기도 쉽지 않습니다. 여기에 산업의 흥행과 그 산업에 속한 개별 종목의 주가 상승은 반드시 동행한다고 볼 수도 없습니다. 해당 ETF에 편입 비중이 큰 특정 종목에 큰 악재가 터져 큰 폭의 하락을 보인다면 다른 편입 종목들이 오른다고 하더라도 ETF의 수익률 자체는 부진할 수도 있습니다. 기본적으로 '묶음'이라는 ETF의 특성이 이런 경우에는 오히려 더 부정적으로 작동하는 것입니다.

이와 관련해서 최근 발생한 대표적인 예가 엔터테인먼트 산업입니다. 2023년 하반기부터 2024년 상반기까지 우리나라 주요 엔터테인먼트사들의 주가와 이들 산업 ETF의 성과를 비교해 보시기 바랍니다. 열풍 속에서의 주가 상승은 몇 년 치가 아닌 몇십 년 치의 이익을 당겨 오기 마련입니다. 즉 이익이 장기간 예상만큼 실현이 되더라도 현재의 주가는 싸지 않을 수도 있다는 뜻입니다.

이런 이유들로 인해 개인적으로 산업, 테마 ETF 투자는 리스크 관점에서 일반적인 개별 종목 주식 투자를 하는 것과 큰 차이가 없다고 생각합니다. 그렇기 때문에 자산 배분 투자에 편입하기에는 무리가 있습니다.

워런 버핏과 헤지펀드의 10년에 걸친 수익률 내기

워런 버핏은 평소 인덱스 투자의 우수성을 강조한 것으로 유명합니다. 오죽하면 아내를 위해 쓴 유언장에 "재산 90%는 S&P500 인덱스펀드에 투자하고, 나머지 10%는 미국 단기 국채에 투자하라"고까지 말했을까요. 동시에 그는 인덱스펀드와 대척점에 있는 헤지펀드의 높은 운용 수수료에 대해 공개적으로 비판적인 입장을 취해 왔습니다. 그러다 보니 반발하는 헤지펀드매니저들도 많았습니다. 워런 버핏과 헤지펀드 측이 실제로 돈을 걸고 한 판 붙은 것으로 유명한 일화가 있습니다. 그것도 무려 10년 동안 말입니다.

때는 2007년으로 거슬러 올라갑니다. 버핏은 뉴욕의 헤지펀드 운용사인 프로테제 파트너스의 테드 지데스 회장과 향후 10년 동안 수익률 대결을 하기로 합니다. 이때 프로테제 파트너

펀드A	펀드B	펀드C	펀드D	펀드E	S&P 인덱스
21.7	42.3	87.7	2.8	27.0	125.8
2.0	3.6	6.5	0.3	2.4	8.5

워런 버핏 vs 헤지펀드 대결 **최종결과** (2008년~2017년)   (단위: 원)
(전체 기간 총 수익률 및 연평균 수익률)

스는 대표 헤지펀드 5개를 엄선하여 내세웁니다. 반면 버핏은
S&P500 지수를 추종하는 뱅가드의 인덱스펀드를 내세웁니다.
양측은 내기 판돈으로 각각 32만 달러(한화 약 4억 5천만 원)씩을
내기로 합니다.

이렇게 2008년 1월 1일 시작된 둘의 자존심 대결은 2017년
버핏의 완벽한 승리로 끝이 납니다. 버핏은 이 대결 결과를 매년
발간하는 버크셔 해서웨이의 주주 서한에 상세하게 소개하기까
지 합니다. 승부는 예상보다 싱거웠습니다. 사실상 8년 차쯤 됐
을 때 이미 결정이 났다는 의견이 지배적이었고, 심지어 마지막
해에는 S&P가 18.4%가량이나 올라 수익률 차이가 더 벌어지기
까지 했습니다.

재미있는 것은 내기 판돈을 보관하는 방식이 정말 '투자자'
스러웠다는 점입니다. 당시 양측은 각각 32만 달러씩을 내놓고,
이를 미국 국채에 투자하기로 합의합니다. 이 64만 달러는 원금
과 이자를 합쳐 10년 뒤 100만 달러가 될 것으로 예상됐습니다.

내기 결과가 나오면 이는 승자가 지정한 자선단체에 기부하기로 했습니다.

그렇게 국채에 투자된 내기 판돈은 불과 5년 만에 100만 달러 이상으로 불어나게 됩니다. 여기까지만 해도 예상치 못한 결과였습니다. 내기 시작 직후 2008년 서브프라임 모기지 위기가 찾아오는 등, 지속적인 금리 인하와 초저금리까지 찾아오자 채권에서 큰 수익이 난 것입니다. 이후 두 사람은 이를 워런 버핏의 회사인 버크셔 해서웨이 B주로 옮겨 재투자하기로 합니다. 그런데 여기서 또 대박이 납니다. 남은 기간 동안 버크셔의 주가가 121% 오르면서 최종적으로 승부가 끝났을 때 내기 판돈은 원금의 4배 가까이, 애당초 예상과 비교해도 2배가 넘는 222만 달러까지 불어났습니다.

이를 두고 월스트리트저널에서는 "버핏과 헤지펀드 간 10년 내기의 진정한 승자는 버핏이 지정한 자선단체, 걸스 오브 오마하(Girls Inc. of Omaha)"라고 평하기도 했습니다. 이곳은 오마하 지역 여성 청소년에게 교육·재활 프로그램을 제공하는 비영리단체이며, 오마하는 버핏의 고향입니다. 그의 별명이 '오마하의 현인'인 것도 이 때문입니다.

Part 6

현실적으로 얼마를
손에 쥘 수 있을까

중요한 건
선수가 아니라
승리를 사는 거예요.

내 자산을 바라보는 시선

최소 10년 혹은 정년 때까지 자산을 굴리면 얼마만큼의 돈을 손
에 쥘 수 있을까요? 사람 혹은 본인의 재산 상황에 따라서는 그
돈이 아무것도 아니라고 생각하기도 할 것입니다. 반대로 충분하
다거나 어마어마하다고 느끼는 분들은 잘 없는 것 같습니다. 자
산 배분 투자 자체는 인정함에도 불구하고, 예상되는 성과에 대
해서는 부정적인 의견을 피력하셨던 분들이 꽤 있습니다. 이분들
에게서 받았던 질문 중에 가장 날카로웠던 건 '이 정도의 원금과
수익금을 위해 그런 장기간의 유동성 경색'을 감내할 가치가 있
느냐는 것입니다. 이 부분은 저도 사실 대답하기가 어렵습니다.
가치관의 영역이라 보기 때문입니다. 물론, 저는 충분히 있다고
생각하는 쪽이기 때문에 실제로 투자도 하고 있고 책도 쓰는 것
입니다. 분명한 건, 이런 의심이 든다면 자산 배분 투자를 이어

나가지 못할 거라는 점입니다.

여기서 구축한 세제 혜택 계좌 내의 자산들이 만능 키는 아닙니다. 자산 배분 투자가 아무리 잘된다 한들, 모든 문제를 해결해 주지는 않습니다. 어디까지나 나의 노후 계획 혹은 내가 구축해야 할 자산의 일부분입니다. 연금에 조금이라도 관심이 있는 분들은 '연금 피라미드'라는 개념을 아실 겁니다. 연금 피라미드는 주로 기초노령연금, 국민연금, 주택연금, 퇴직연금, 그리고 개인연금 등의 요소들로 구성됩니다. 무슨 연금을 어떤 콘셉트를 가지고 몇 층으로 배치를 하든, 결국 핵심은 노년의 소득은 연금의 성격을 지닌 여러 자산을 다층으로 구축하여 나에게 필요한 현금 흐름이 나오도록 하는 것입니다.

그래서 저는 연금소득에 대해 차라리 마음을 가볍게 가지라고 합니다. 적립금이 크지 않더라도, 나중에 받을 수 있는 연금 자산이 크지 않더라도 꾸준히 나오는 과외 소득 혹은 임대료라고 생각하라고 합니다. 그리고 그 금액이 용돈 정도밖에 안 되더라도 있는 것이 무조건 낫다는 생각을 가지라고 말입니다.

그리고 이런 마음가짐을 잘 다지기 위한 전제가 두 가지 있습니다. 먼저 자산을 그 절대적인 크기(Stock)가 아니라 흐름(Flow)의 관점에서 봐야 합니다. 또 다른 하나는 원금이 훼손되는 것보다는 원금은 최대한 지키면서 이익금(매매차익+배당)을 중심으로 최대한 활용하는 것이 중요하다는 점을 기억해야 합니다.

연금이 필요한 이유

자산의 형성이나 운용, 연금 개시 등과 관련해 분기점이 되는 나이가 있습니다. 특히 49세, 55세, 그리고 65세가 중요한 분기점이 되는 것 같습니다. 실제로는 이보다는 조금 더 길겠지만, 취직 직후인 27~29세부터 실질적으로 메인 커리어가 정리되는 49세까지의 약 20년 기간이 자산 형성과 운용에 온전히 집중할 수 있는 소위 '골든 타임'에 해당한다고 볼 수 있습니다. 사람이나 직장마다 차이가 있겠지만, 49세에서 53세 사이의 어느 시점에서는 주로 일해 왔던 직장이나 최초의 커리어에서 탈락할 가능성이 높습니다. 일을 하더라도 그보다 소득이 낮거나 고용이 불안정할 수 있습니다.

이렇게 따진다면, 이 시점부터 국민연금이 개시되는 65세까지 최장 15년까지도 이어질 수 있는 기간이 소위 연금보릿고개가 되는 셈입니다. 그리고 이는 다시 연금 현금 흐름이 발생하는 연령을 기준으로 1차 연금보릿고개와 2차 연금보릿고개로 나누어 생각해 볼 수 있습니다. 1차는 주된 직장(또는 커리어)에서 물러난 이후부터 55세까지이며, 2차는 55세부터 국민연금을 수령하는 65세까지가 될 것입니다. 만약 여러분이 연금 계좌에 연금자산을 잘 구축한다면 55세를 기준으로는 이 시기의 예상되는 어려움을 어느 정도 경감하는 것이 가능합니다. 연금저축과 IRP(퇴직연금 포함)에 적립한 돈을 당장 개시하면 되기 때문입니다. 이런 경우는 65세부터는 국민연금이 개시되면서 오히려 현금 흐름이 더 나아지는 것도 기대할 수 있습니다.

사회생활을 시작한 시점에서 경황이 없을 수도 있겠지만, 인생의 우선순위에는 연금자산 형성을 항상 우위에 놓아야 한다는 점은 분명할 것 같습니다.

돈을 납입하고 불려 나갈 때

첫 번째 시나리오는 이렇게 제시해 보겠습니다. 이전까지는 자산 배분 투자를 통한 연금자산 형성의 중요성을 모르다가 부랴부랴 시작하려고 하는 3040 직장인입니다. 언제인지 기억이 나지 않지만, 세액공제에 대한 욕심이 있어서 연금저축이나 IRP에 총 1,000만 원 정도 간헐적으로 납입한 이력은 있습니다. 소득에 여유가 있어서 세액공제 한도인 연 900만 원을 납입할 수 있습니다. ISA와 퇴직연금 DC는 제외하고 연금저축에 600만 원, IRP에 300만 원을 납입하고자 합니다. 이에 따른 예상 적립금을 표로 정리해 보면 다음과 같습니다.

나이(만)	연차	4%	6%	7%	8%
39	1	10,400,000	10,600,000	10,700,000	10,800,000
49	11	127,771,703	144,727,769	154,100,913	164,125,777
55	17	223,756,616	271,843,646	300,150,108	331,752,212
58	20	280,913,939	354,141,676	398,656,276	449,467,250

시나리오①에 따른 연금 계좌의 적립금   (단위: 원)

두 번째 시나리오는 사회생활을 시작하자마자, 재테크에 대해 찾아보자마자 자산 배분 투자에 대해서 알게 된 사회 초년생입니다. 현재 소득이 충분하지 않아 가능한 액수부터 시작해 보고자 합니다. 일반적인 조직 내 직급체계인 사원→대리→과장→차·부장을 가정하고 한 단계 직급이 상승할 때마다 월 20만 원(연 240만 원)씩 더 납입한다고 가정합니다. 사회 초년생에게 연금 계좌를 통한 자산 배분 투자는 시간이 친구인 동시에 적입니다. 시간이 주는 복리 효과도 크지만, 유동성 리스크(납입한 돈이 묶여 있는 기간)도 비례합니다. 특히 소득은 적은데 상대적으로 나가야 할 항목이 많아 리스크가 더 크게 다가옵니다. 이에 대한 대

나이(만)	연차	4%	6%	7%	8%
29	1	2,496,000	2,544,000	2,568,000	2,592,000
39	11	61,167,590	67,540,860	71,011,672	74,687,679
49	21	200,255,698	243,476,652	269,202,229	298,168,419
55	27	315,471,994	411,920,823	472,886,146	544,461,037
58	30	384,081,265	520,975,835	610,265,350	717,419,110

시나리오②에 따른 연금 계좌의 적립금 (단위: 원)

응 방법에는 여러 가지가 있지만, 납입액을 최대한 보수적으로 잡아 가능한 인출 또는 해지해야 하는 상황을 만나지 않는 것이 최적입니다. ISA와 퇴직연금 DC는 제외했습니다. 첫 4년에 연 240만 원, 그다음 4년에 연 480만 원, 그다음 4년 720만 원이며 이후 최대치로 가정해 보았습니다.

앞서 제시한 시나리오는 연금 계좌(연금저축+IRP)에 국한해 보수적으로 그리고 대충 제시한 것입니다. 나중에 여유가 생긴다면 ISA, 퇴직연금 DC, 그리고 세액공제를 받지 않는 개인 납입금이나 일반 저축들도 순차적으로 해나갈 수 있습니다.

지금까지 자산 배분 투자를 통해 돈을 열심히 불리고 이를 연금으로 개시하는 방법을 알아보았습니다. 인출할 때는 세 가지 기준을 토대로 계획을 세워야 합니다.

· 매년 비과세 한도만큼만 연금으로 수령한다는 가정
· 연간 수익금만 뽑아 쓴다는 가정
· 기대 여명 안에 적립금을 다 쓴다는 가정

여기서 가장 널리 알려진 방법은 세제상 이점이 가장 큰 첫 번째 가정입니다. 연금저축이나 IRP에서 연금의 형태로 받는 돈은 연금소득으로 분류되어 연 1,500만 원까지 저율 분리과세의 혜택을 받습니다. 수령 나이에 따라 정해진 세율(3.3~5.5%)의 소득세만 납부하면 끝입니다. 그래서 만 55세 시점에 연금소득이 굳이 필요 없다고 해도 연금은 개시하라는 조언이 일반적입니다.

한 가지 염두에 둘 부분은 이런 한도는 향후 추가로 늘어날 것이라고 기대해 볼 수 있다는 점입니다. 은퇴자들의 증가, 인플레이션, 그리고 국민연금 등 공적연금이 구조적인 취약성을 드러낼수록 이쪽에 세금 혜택을 줘서라도 장·노령층의 소득을 보전할

나이(만)	소득세율	참고사항
55~69세	5.5%	연 1,500만 원 한도 분리과세
70~79세	4.4%	상동
80세 이상	3.3%	상동

연금소득세 구간 (세액 공제를 받은, 일반연금 기준)

유인이 충분해 보입니다.

세제 혜택 계좌에서 연금자산을 충분히 잘 쌓았다면 반드시 연금 개시가 가능한 연령인 만 55세가 되었을 즈음에는 별도의 비용을 들여서라도 꼭 전문가(세무사 등)와 상담해 보고 결정해야 합니다. 대부분은 이런 비용은 매우 아까워하면서도 세금은 줄여 보려는 욕심은 크기 때문에 일을 그르치는 경우도 많이 봅니다. 그래서 지인을 붙잡고 늘어지거나 여기저기서 제공하는 무료 자문 서비스를 이용해 보려고 애를 쓰는 경우가 대부분입니다. 그런데 정확한 세무 상담은 본인과 배우자의 모든 재산 상태를 다 공개해야만 정확한 상담이 가능한 영역입니다. 프라이버시의 문제가 있을뿐더러 효용성 자체도 전문가에게 합당한 비용을 지불하고 받는 것보다 못할 수밖에 없습니다. 또 ISA와 퇴직연금 DC의 경우, 수령 또는 해지 방법에 따라 세금 계산 방식이 매우 다르다는 점을 기억해 두어야 합니다.

실제로 저는 제 나이대에 저와 비슷하게 혹은 저보다 많이 적립하신 분들을 종종 보기도 했습니다. 제 경험을 토대로 한 마지막 시나리오입니다. 39세 기준으로 평가액 연금저축 3,000만 원, IRP 5,140만 원입니다. 매년 세액공제 최대치인 900만 원을 연말에 납입합니다. 이때 연금저축 600만 원, IRP 300만 원입니다. 세액공제를 받지 않는 개인 납입은 하고 있지 않습니다.

나이(만)	연차	4%	6%	7%	8%
39	1	84,656,000	86,284,000	87,098,000	87,912,000
49	11	237,688,723	280,266,286	304,387,343	330,604,802
55	17	362,836,712	464,107,623	525,689,514	595,933,501
58	20	437,360,131	583,131,148	674,951,746	782,259,590

시나리오③에 따른 연금 계좌의 적립금 (단위: 원)

저는 ISA와 퇴직연금 DC도 운용하고 있습니다. 두 계좌의 예상 적립금도 현재 수준과 향후 시나리오에 따라 계산해 보겠습니다. 평가액은 ISA 4,900만 원, 퇴직연금 DC 1억 900만 원입니다.

나이(만)	연차	4%	6%	7%	8%
39	1	50,960,000	51,940,000	52,430,000	52,920,000
49	11	75,433,249	93,016,629	103,137,746	114,250,311
55	17	95,447,124	131,945,867	154,781,945	181,300,885
58	20	107,365,034	157,149,638	189,614,539	228,386,900

시나리오③에 따른 ISA의 적립금 (단위: 원)

나이(만)	연차	4%	6%	7%	8%
39	1	113,360,000	115,540,000	116,630,000	117,720,000
49	11	242,718,601	290,744,399	318,130,459	348,021,575
55	17	348,506,228	456,789,512	523,352,162	599,803,322
58	20	411,500,894	564,291,314	661,768,560	776,616,114

시나리오③에 따른 퇴직연금 DC의 적립금   (단위: 원)

이를 종합해 보면, 아주 보수적(최악의 경우)으로 연 4%의 기대수익률을 가정하더라도 만 49세를 기준으로 약 5억, 정년인 만 58세를 기준으로는 약 10억의 자산을 보유하게 된다는 계산이 나옵니다. 개인의 저축 금액과 국민연금, 앞으로의 소득에서 저축하는 걸 제외한 액수라는 것도 짚어 두고자 합니다. 이게 바로 자산 배분 투자의 최고 장점입니다. 이미 구조를 갖춰 놓고 굴러가도록 하면 추가로 들어가는 노력은 없다시피 한 점, 다소간의 차이는 있지만 측정과 예상이 가능한 성과를 얻을 수 있다는 점입니다. 꾸준히 직장생활을 해나가면서 계획한 금액을 납입하고, 자산 배분으로 굴러가도록 내버려두는 것뿐입니다. 국내외 경제 상황, 미국의 금리 결정, 다른 투자 자산에 대한 뉴스는 취미의 영역이 되고, 심지어는 무관심해도 상관 없을 것입니다.

초저금리 시대의 단상

2020년부터 2022년까지의 3년을 코로나19 팬데믹 기간이라고 정의하면 정말 많은 일이 있었습니다. 업무와 생활 등 현실에서도 그랬지만, 투자도 마찬가지였습니다. 가장 큰 변화는 초저금리와 급격한 유동성 증가(특히 정부의 재정지출로 인한)가 자산시장에서 보여준 힘이었습니다. 특정 자산의 상승에서 '제외되는 두려움'이라는 뜻의 FOMO(Fear of Missing Out)라는 용어가 사람들의 머릿속에서 떠나지 않았습니다. 단지 부동산이냐 2차 전지와 같은 산업 테마냐 가상화폐냐 등 대상의 차이만 있었을 뿐이었습니다. 이 기간 동안 투자를 하며 제가 보고, 듣고, 직·간접적으로 겪었던 장면들을 몇 가지만 적어 보겠습니다.

#1

이론상으로 기준금리가 내려가면서 배당수익률이 유지된다고 가정하면 배당금의 상대가치가 올라갑니다. 그리고 이는 배당주 주식의 가격이 올라갈 수 있는 근거가 됩니다. 하지만, 1~2%대 초저금리가 찾아오자 마치 그 이전에 없었던 새로운 화학반응이 일어난 것처럼, 현금에 대한 사람들의 인식이 바뀌게 됩니다. '현금은 쓰레기'라는 모 유명 인사의 발언이 여기저기 회자되면서 배당조차 아예 무시됩니다.

#2

제가 코로나19 팬데믹 기간 동안 받았던 신용대출 금리 중에 가장 낮은 것이 2.1%였습니다. 1금융권에서 제 신용도 기준입니다. 저는 이 대출로 시가배당률 5% 정도의 배당주에 투자를 했습니다. 이 시기가 제 인생 최초의 '빚투'(빚을 내서 투자한다는 뜻의 신조어)였습니다. 많은 이가 이 시기에 기술주, 가상화폐 그리고 부동산 갭투자를 했습니다.

#3

YOLO(You Only Live Once)와 FIRE(Financial Independence, Retire Early)라는 단어가 젊은 세대를 중심으로 널리 퍼집니다. 1년 생

활비의 25배만 모으면 평생 먹고살 수 있다고 한 가정이 횡행했습니다. 실제로 미국은 401k 연금의 잔고가 크게 늘면서 은퇴를 당기는 장년층이 증가했다는 기사도 보였습니다.

#4

서울 강남 지역의 소위 '트로피' 아파트의 신거래가가 꾸준히 신고가를 찍습니다. 오마카세 유행이 돌고, 골프, 테니스, 위스키, 미술품 투자 열풍이 새로 생겨나고 이어집니다. 여기에는 2030 세대도 다수 참가했다는 기사들이 많았는데 거기에는 왠지 누군가를 '탓'하는 것 같은 뉘앙스도 섞여 있는 것 같았습니다.

그 뒤로 우리는 어떻게 되었나요? 물론 크게 수익을 내고 그걸 잘 유지하여 부의 수준을 한 단계 다른 차원으로 높이는 데 성공한 분들도 있을 것입니다. 하지만 실패한 분들도 많았습니다. 신용대출 금리가 1년 남짓한 기간에 적게는 2배, 많게는 3배씩 올라가는 탓에 이자를 감당하지 못하거나 대출 연장이 거부된 분들, 기술주나 가상화폐에 투자했다가 단기 급락을 견디지 못해 손실을 확정한 분들, 그리고 전세 사기로 보증금을 날리신 분들이 즐비합니다. 문제는 그런 분들의 이야기는 잘 나오지도 않고 관심도 끌기 어렵다는 점입니다. 확 타올랐다가 꺼지는 격렬한 자산 사이클 역시 '생존 편향'이 작용합니다.

문제는 그 시간을 거친 이후 사람들의 심리입니다. 돈을 벌었든 벌지 못했든 간에 이 시기에 있었던 초저금리는 많은 경제 참가자들에게 일종의 '향수'로 남은 듯합니다. 이건 완곡한 표현이고, 사실은 뭔가에 홀리거나 중독된 것 같기도 합니다. 중요한 거시경제 지표가 조금이라도 안 좋아지는 기미가 보이거나 경제 위기 우려가 대두되면 여기저기서 금리를 내려야 한다는 압력이 거세집니다. 채권시장도 마치 자기실현을 이루려는 듯 금리가 먼저 내려갑니다.

그런 상황에서 2024년 8월 5일 같은 국면이 갑작스럽게 찾아오기도 합니다. 코스피가 하루 8.8%, 코스닥이 11.3% 폭락했던 날입니다. 엔 캐리 트레이드[18]의 급격한 청산이나 워런 버핏의 주식 매도 같은 합리적인 설명들이 많았지만, 그 어떤 것도 명쾌하지 않았습니다. 시장의 패닉과는 달리, 적극적으로 매수에 나서는 사람들도 많았습니다. 그날 저는 제 자산 포트폴리오를 살펴보았고, 그다음 날에는 자산 배분 포트폴리오를 리밸런싱했습니다. 다행히 시장은 곧바로 반등했고, 약 1~2주 정도의 시차를 두고서는 이전의 평가금액을 회복할 수 있었습니다.

당시 제가 우려한 건, 폭락 그 자체보다는 앞으로는 이런 유형의 하락이 자주 일어나지 않을까 하는 점이었습니다. 아무런

---

[18] 일본의 낮은 금리를 활용하여 엔화로 돈을 빌려 미국 달러화로 바꾼 후 금리가 높은 국가의 통화나 자산에 투자하는 자금의 이동을 말한다.

이유 없이 찾아오거나 사소한 사건들이 모여 설명할 수 없는 급락을 만들어 내는 일 말입니다.

저의 투자 10년을 돌아보며 배당주 투자에서 자산 배분 투자로 옮겨 가게 된 계기에 대해 썼습니다. 글이 너무 장황하다는 생각을 하면서도 오랜 기간 지녀온 저의 복잡한 생각과 느낌을 그대로 표현하기 위해 애를 썼습니다. 이 와중에 코로나19 펜데믹 기간부터 최근까지의 초저금리 상황과 자산시장의 급변동을 겪고 나니 자산 배분 투자로 옮겨가기로 한 선택이 옳았다는 확신을 갖게 되었습니다. 어차피 투자가 필수라면 내 자산은 불리면서, 저의 감정과 본업은 지켜 나갈 수 있는 투자를 하고 싶기 때문입니다.

이 책을 읽은 여러분도 부디 저와 같은 생각으로 자산 배분 투자를 해나가셨으면 하는 바람입니다.

투자 자문 서비스를 통한
자산 배분 간접투자

제가 저만의 자산 배분 투자를 실행한 초기에는 이런저런 책들을 참고해서 전략을 선택하고, 그 전략의 자산군에 맞는 ETF를 고른 다음, 매수까지 직접 했습니다. 시기상으로는 대략 2017년부터 2022년까지입니다. 마침 2017년부터 자산 배분 투자에 관한 국내 저자의 책들도 때마침 나오기 시작해 큰 도움이 되었습니다. 그리고 다음에 해야 할 일은 구글 문서를 활용해 잔고(계좌 내 ETF 보유 수량)와 평가금액을 관리하는 일이었습니다. 휴대전화에서도 언제든지 열어볼 수 있고, 간단한 매크로만 걸어 놓으면 ETF 가격을 실시간으로 반영해 주는 점에서 편리했습니다. 몇 개의 정보만 직접 입력하면 되는 반자동 형태의 문서였고, 관리에도 그다지 큰 노력이 필요치 않았습니다. 아마 아침에 일어나서 이불을 정리하는 것보다도 품이 덜 들었을 겁니다. 리밸런싱의 경우는 특정 자산군 ETF나 전체 포트폴리오에 큰 변동이 생길 때마다 했습니다. 개별 주식을 매매했던 경험이 있어서 그런지 이 과정이 심적으로 크게 고통스럽지는 않았습니다.

시간이 흘러 우리나라에서도 자산 배분 투자에 관한 자문을 제공해 주는 서비스들이 생겨나기 시작했습니다. 때마침 이런 서비스가 필요했던지라 저도 관심 있게 찾아보았습니다. 유튜브나 오프라인 설명회 등의 콘텐츠는 저에게 조금씩 아쉬운 부분이 있었습니다. 성과가 없다거나 믿을 만하지 않다는 것은 아니지만 제공하는 서비스의 범위, 플랫폼의 편의성, 그리고 무엇보다 제공하는 포트폴리오의 철학에 동의하지 못하는 부분들이 하나 이상씩은 있었습니다.

여기에 자극을 받아 직장에서의 퇴직연금(제도)을 DB에서 DC로 전환하였습니다. 오랜 고민 끝에 내린 결정이었습니다. 연공 서열이 여전히 강한 우리나라 직장에서는 DB에서 DC로서의 전환에도 일종의 '국룰'이 있습니다. 보통 직급과 연봉이 충분히 올라 더 이상 오를 가능성이 없거나 오히려 줄어(굴절)들기 직전에 전환하는 것이 가장 효율이 높다고 알려져 있습니다. 이런 위치가 아님에도 DC로 전환을 한다는 건 통상적으로는 내가 직접 굴려서 나의 연봉상승률을 뛰어넘는 수익을 거둘 자신이 있다는 말입니다.

사실 저는 그럴 자신이 없었지만, 코로나19 팬데믹이 제 퇴직금의 제반 환경마저도 바꿔 놓았습니다. 바로 인플레이션의 출현입니다. 경기 변동과 물가 상승에 대한 판단 및 해석은 이를 업으로 삼아온 전문가분들 사이에서도 이견이 있는지라 한낱 직장인에 불과한 제가 말하기 조심스럽지만, 코로나19 팬데믹은 디플레이션 초입의 상태를 중간 수준의 인플레이션 상태로 급격하게 바꿔 놓은 대사건이었습니다. 이게 제가 보는 포인트입니다. 이러면 무슨 일이 벌어지느냐? 속된 말로 돈의 가치가 녹게 됩니다.

인플레이션 국면으로의 전환은 DB 제도하의 제 퇴직연금에도 부정적인 영향을 준다고 생각했습니다. 그리고 여기에 불을 지른 것이 장기적으로 낮아질 것이라고 전망하는, 현 직장에서의 제 연봉상승률이었습니다. 제 업이 속해 있는 섹터가 성장성이 그다지 높은 건 아니었기 때문입니다. 이렇게 대내외적으로 퇴직금의 실질 가치가 명백하게 깎여 나가는 상태가 되어 버렸다고 판단하여 눈을 질끈 감고 전환한 것입니다. '인플레이션 국면이 오지만 않았어도' 바꾸지 않았을 것이라는 거시 경제 환경에 대한 원망은 지금도 합니다.

그러다 알게 된 서비스가 바로 자산 배분 투자 자문 서비스입니다. F사의 투자 서비스가 출시되자마자 서비스에 대해 검토해 보고 바로 다른 증권사에 있던 연금저축과 IRP 계좌 전액을 모두 옮겼습니다. 그리고 연금저축은 연 6.0% 수익률을 추구하는 '안정형' 전략을, IRP는 연 8.0%를 추구하는 '성장형' 전략을 선택했습니다. IRP를 성장형 전략으로 한 특별한 이유는 없습니다. 가입 시점에서 IRP의 누적 적립금(ISA의 만기 적립금을 한 차례 이전)이 연금저축보다 많은 상황에서 IRP는 ETF 편입 범위에 제약이 있는지라, 오히려 더 공격적으로 해야 한다고 생각했습니다. 퇴직금도 DB에서 DC로 전환하고 자문 계약 형태로 제공받은 포트폴리오로 운용하고 있습니다.

제가 투자 자문 서비스를 추천할 때마다 가장 많이 받는 질문은 단연코 이것입니다.

"만약 서비스를 제공하는 회사가 망하면 내 계좌와 ETF는 어떻게 되는 거야?"

이 질문에 제대로 답하려면 투자자문사와 유사투자자문사의 차이를 알아야 합니다. 여러분은 은행과 저축은행의 차이를 알고 있으신가요? 은행과 저축은행은 기본적으로는 둘 다 신용(대출)을 제공하는 여신금융협회입니다. 하지만 은행은 제1금융권, 저축은행은 제2금융권으로 분류합니다. 위계가 있는 것입니다. 그

제1금융권	제2금융권
• 은행 • 예금, 적금, 펀드, 채권 등 다양한 상품을 취급 • 은행법 적용(특수은행 예외)	• 은행을 제외한 보험회사, 증권회사, 자산운용회사, 저축은행, 상호금융기관, 여신전문금융회사(카드사, 캐피탈) 등 • 비통화기관으로 주로 투자, 대출, 저축, 보험을 다룸 (은행에 비해 적은 종류) • 업종에 따라 적용되는 법이 상이함. 자본시장통합법 (금융투자회사), 보험법(보험사), 여신전문금융업법 (카드사 및 캐피탈사) 등

출처: 카카오뱅크, "제1금융권 vs 제2금융권, 무슨 차이죠?" 발췌

런데 이건 우열에 의한 것이라기보다는 맡고 있는 영역이 다른, 즉 상호보완 관계인 것입니다. 따라서 역할 범위에도 차이가 있습니다.

간단히 설명해 우리가 체감하는 가장 확실한 차이는 '은행은 저축은행에 비해 문턱이 높다'는 것입니다. 대출을 받으려고 할 때 이게 가장 극명하게 드러납니다. 은행이 대출 조건이 까다롭고, 한도도 더 적은 게 일반적입니다. 대신 대출이율이 낮습니다. 그리고 재무적으로 더 안정적입니다. 그렇기 때문에 금융 소비자인 우리가 상대적으로 높은 문턱을 감내하고, 가능하다면 은행에서 대출을 받으려고 하는 것입니다.

또 다른 차이라면, 은행에서 취급하는 상품의 종류가 더 다양하다는 것입니다. 은행에만 취급 허용된 금융상품이 있을 수 있습니다. 대표적인 상품이 '주택청약종합저축'입니다. 정부가 자

금을 조성하거나 혜택 등을 제공하는 소위 정책자금대출도 은행을 통해 나가는 것이 일반적입니다. 다만 때에 따라 안정성을 가장 중시하는 은행에서는 취급하지 않는 금융상품을 약간의 리스크를 안고 더 나은 수익을 추구하는 제2금융권에서는 취급하기도 합니다.

또 다른 차이는 근거(적용) 법률이 다르다는 점입니다. 금융소비자 입장에서는 평상시 중요한 사항은 아니지만, 해당 기관에 부실 우려가 생기거나, 서브프라임 모기지 사태 등과 같은 광범위한 금융위기가 터지면 중요해질 수도 있습니다. 이런 차이가 투자자문사와 유사투자자문사에도 적용됩니다.

여기서 가장 중요한 항목은 '영업 형태'입니다. 유사투자자문사 중 투자자문사에게만 허용되는 형태의 서비스를 교묘하게 제공해서 금전적 이득을 취하는 경우가 있습니다. 사고는 주로 이 지점에서 발생합니다. 가장 대표적인 게 SNS 계정을 통해 특정 종목과 관련된 정보를 제공하는 것입니다. 일단 단체방이 간접적인 방식인지, 거기서 제공하는 메시지가 단순 투자 조언인지에 대한 판단이 애매합니다. 제공자가 그런 '의도'가 없다고 하면 더 애매합니다. 그런데 여기에서 그치지 않고 1:1 메시지를 보내거나, 얼마를 내면 추가 정보를 제공하겠다고 광고 아닌 광고(광고인지도 애매합니다)를 하기도 합니다. 이는 '불특정'이라는 제한

구분	투자자문업	유사투자자문업
설립 제도	등록(인허가 필요)	신고(인허가 불필요)
명칭	○○투자자문	○○투자자문을 '제외'한 나머지가 비교적 자유로움
영업 형태	특정인과 불특정인을 대상으로 투자 판단에 대한 자문 전반 (가치평가 포함)	불특정 다수에게 간접적(간행, 출판, 방송 등)으로 단순 투자 조언만 가능
업종	금융투자업 상의 투자자문업	통신판매업의 한 형태 (제도권 금융기관 아님)
서비스 특성	자본시장법, 투자자문계약	개인 간의 서비스 계약 (금융투자상품 아님)
인력구성요건	일정 자격을 갖춘 투자 전문 인력 보유 필요	투자 전문 인력 보유 조건 없음
투자자 보호	투자권유의 적합성 원칙 등 다수	'불건전 영업행위'에 해당하는 일반적인 사항 (ex 선행매매 등)

투자자문업과 유사투자자문업 비교

에 걸리다 보니 명백히 규정에 어긋난 것인데 실제로는 이런 일이 빈번하게 벌어지고 있습니다. 그리고 결정적으로 유사투자자문사로부터 정보를 받아 매매를 하면 단순 투자 손실을 제외한 그 어떤 사고가 나도 보호를 받기가 굉장히 어렵습니다. 기본적으로는 단순 투자 자문이고, 개인 간의 서비스 계약이기 때문입니다.

혹자는 자산 배분 투자를 하려는데 이런 것까지 알아야 하는지 되물을 수 있습니다. 제 대답은 절대적으로 '그렇다'는 겁니다. 반복해서 말하지만, 금융상품은 손으로 만질 수 있는 구체적인 실물 형태가 없는 만큼 구조와 계약이 핵심입니다. 그리고 구조와 계약의 제공 범위는 제도적으로 규정된 바에 한해야 합니다. 제약이 괜히 있는 것이 아닙니다. 이러한 차이를 잘 모르거나 무시하기 때문에 벌어지는 소위 '금융 피해'가 많습니다.

투자 자문 서비스 회사의 영업 여부가 나의 계좌 잔고에 직접 영향을 줄 수 있지 않느냐는 질문으로 다시 돌아가 보겠습니다. 예를 들어 투자 자문 서비스 회사인 F사는 법인으로는 투자자문사고 업태로는 투자자문업을 영위하고 있습니다. 서비스는 (자산 배분) 투자 자문 서비스입니다. 이는 소비자의 요청이 있을 시, 이에 따라 금융투자상품의 가치 판단을 비롯해 구체적인 종류(자산군), 종목(ETF 등), 수량, 가격, 매수매도 시기, 계좌, 방법 등에 대한 모든 자문을 수행한다는 의미입니다. 그리고 거래까지도 대신 실행해 줍니다.

마치 F사가 다 수행하는 것처럼 보이겠지만, 매수한 자산을 보유(보관)하는 부분은 이야기가 다릅니다. 투자 자문 서비스 회사를 통해 연계증권사의 계좌를 만들어 보면 쉽게 이해가 갈 텐데, 해당 증권사에 개설된 내 명의의 계좌에도 잔고가 똑같이 나타납니다. 그 예로 자문 계약을 맺고 상품(ETF)를 매수하면 투자 자문 서비스 앱뿐만 아니라 해당 연계증권사의 모바일 앱, 홈

투자자문서비스사	S금융투자사	S자산운용사	한국거래소
• 주문 대리 • 수익률 표시	• 주문 실행 • 보유 현황 표시 • ETF 운용 수수료 처리 • 예수금 관리	• ETF 운용 • ETF 운용 수수료 청구 • 유동성 제공, 파생 운용	• ETF (실제) 보유 • ETF의 '기초 자산' 보유

투자 자문 서비스를 통한 자산 배분 투자 시 관여하는 주체들

트레이딩 시스템, 그리고 홈페이지 등에도 동일하게 표시가 됩니다. 한마디로 회사가 거래 주문을 해도 내가 보유하고 있는 것입니다. 회사는 내 동의를 얻어, 필요할 때마다 계좌에 접근, 미리 동의를 받은 사항에 근거해서 정해진 타이밍에, 정해진 내용의 거래를 '대신'해 주는 것입니다. 물론 그 자체로는 리스크가 있는 작업입니다. 그렇기 때문에 특정 증권사와 협약을 맺어 서비스를 이용합니다. 증권사 입장에서도 이런 협약을 아무 데서나 해주지 않을 것입니다. 협약사가 많아지는 것에 비례해서 비용이나 리스크는 점점 커질 테니 말입니다.

다음은 비용에 대한 부분입니다. 투자 전문 서비스를 이용하면 0.5% 내외의 자문 수수료가 발생합니다. 매수한 ETF 비용과는 별도의 비용입니다. 이렇게 되면 역시 또 거부감이 발생합니다. 원체 기대수익률이 낮은 자산 배분 투자인데, 여기서 또 비용을 내면 남는 부분이 있느냐에 대한 것입니다.

일반적인 금융 소비자는 금융상품의 비용을 두고 두 가지

인지 편향이 발생합니다. 하나는 숨어 있는 비용을 보지 못하고 제시된 숫자에 얽매인다는 점이고, 다른 하나는 비용을 원금에 녹여 내면 더 둔감해진다는 점입니다. 그래서 과거 뮤추얼펀드가 유행했을 때는 국내 주식에만 투자하는 액티브펀드 중에서는 연 수수료가 2%를 넘나드는 펀드가 많았습니다. 이런 펀드의 특징은 여러 매체에 자주 등장하는 '스타' 펀드매니저가 한 명씩 있다는 점이었습니다. 이들은 마치 구세주처럼 언론이나 미디어에 대한 노출에 적극적이었기 때문에 이 정도의 수수료는 일시적으로 높은 성과와 더불어 그들의 유명세에 대한 당연한 비용처럼 여겨지기도 했습니다. 사람들은 그들의 유명세, 직전 몇 년간의 성과, 펀드 규모 등을 보고 선택할 뿐 비용을 문제 삼는 경우를 한 번도 보지 못했습니다. 미국 IT 버블과 우리나라 카드대란이 연달아 벌어졌던 2000년대 초중반이 그랬고, 2013~2014년 전후가 이런 모습이 특히 심했습니다.

뮤추얼펀드 시장의 규모가 축소된 이후에는 ETF에서 이런 이슈가 발생해 왔습니다. 일부 ETF는 총 보수와 총비용을 구분해서 표기하지 않습니다. 총 보수 이외의 총비용에는 주로 그 ETF의 계약 사항을 유지하기 위한 금융 비용이 들어갑니다. 환헤지나 파생상품 보유 수수료 등입니다. 그런데 이런 ETF 관련 기관들은 기타 비용을 ETF의 가격에 반영하여 투자자가 지불하

는지도 모르게 징수해 갑니다. 구조상 그래야 하기도 하고, 편의
성을 위한 측면도 있을 것입니다. 다만, 이런 ETF에 투자하려는
소비자 입장에서는 이런 기타 비용이 총 보수에 비해 10배 이상
큰 경우도 있다는 점을 알아야 합니다.

같은 구조의 금융상품이라면, 금융 소비자로서는 최대한 저
렴한 비용의 상품을 고르고 선택할 권리가 있습니다. 뮤추얼펀드
든 ETF든 기본적으로 2% 이상의 비용을 지불하게 되면 장기적
으로 수익을 내기가 매우 어려워집니다. 그런데 그런 상품이 과
거나 지금이나 꽤 많습니다.

그렇다고 모든 비용을 무시하고 받아들이지 않는다면 그 또
한 문제가 있습니다. 이러한 심리는 불법 유사투자자문사가 고객
들을 끌어들일 때 널리 쓰는 수법이기도 합니다. 귀중한 투자 정
보를 무료로 퍼주듯이 제공하여 심리적 장벽을 낮추고, 이후에
배타성을 핑계로 유혹 또는 의존하게 만드는 것입니다.

자산 배분 포트폴리오를 직접 운용할수록, 그리고 운용 규
모가 커질수록 단순한 관리조차 누군가에게 위임하고 싶은 마음
이 커지기 마련입니다. 이에 더해 자산 배분 투자에서도 자문 서
비스의 역할이 점점 더 중요해질 것이라 예상합니다. 이는 우리
나라 개인 투자 구조의 트렌드 즉 노령층을 중심으로 한 연금자
산 형성의 중요성, 이로 인한 간접투자와 ETF 시장의 성장과 연

관되어 있습니다. ETF 시장은 양적으로나 질적으로나 성장하고 있습니다. 이 점이 좋으면서도 한편으로는 걱정되는 부분이 있습니다. 소비자 입장에서는 어떤 ETF를 골라야 할지에 대한 선택의 문제가 발생하고, 점점 이런 갈림길에 자주 처한다는 점입니다. ETF 선택은 엄연한 투자 결정이라 취향이나 기분을 따라가기가 어렵습니다. 당연히 나에게 유리한 ETF를 골라야 합니다.

자산 배분 투자 자문 서비스는 이 부분도 대신해줄 수 있습니다. 많은 이가 직접 할 수 있다고 생각하지만 생각보다 쉽지 않습니다. ETF를 투자하면서 자산운용사 홈페이지에 들어가 해당 ETF의 투자설명서를 직접 읽는 분들이 얼마나 될까요? 기준지수와 ETF시장 가격의 괴리율을 추적하고, 기준매매가 공시를 직접 살펴보고, ETF 상품의 계약 내용을 다 알기란 쉽지 않습니다. ETF의 이름을 보고 어떤 성격의 ETF인지 바로 구분만 할 수 있어도 상위 10%쯤 된다고 생각합니다. 그런데 가능한 한 오랜 기간 보유해야 하는 연금자산 투자는 이보다 조금이라도 더 신중해야 하지 않을까요? ETF의 안정성도 중요하고, 조그마한 비용 절감이 가져다주는 수익률 제고 효과가 일반 투자에 비해 클 것입니다. 그러자면 ETF도 끊임없이 조사하고 또 비교해야 합니다. 개별 ETF의 세부 사항까지 파악할 정도면 준전문가, 아니면 최소 취미 수준의 소위 '덕력'을 발휘해야 하는 수준까지 가야 할 것입니다.

이러한 자문 서비스의 역할이 괄목할 만한 수익률의 차이를 만들어 낸 경우가 바로 2023~2024년의 국내에 상장된 금 ETF 투자였습니다. 금은 원자재로서의 대표성이나 투자하고자 하는 일반인들이 많았던 대중성에도 불구하고 국내에서 거래할 수 있는 ETF가 제한적이었습니다. 선물을 기반으로 하고 있는 데다가, 수수료를 비롯한 총비용도 적지 않았습니다. 그러다가 현물 지수와 이를 바탕으로 한 ETF가 꽤 오랜 시간이 흘러서야 후발 주자로 출시된 것이지요.

개인은 이런 신규 ETF의 소식을 바로바로 접하기 어렵습니다. 출시된 걸 알았다고 해도 상품 설명서를 읽어 보며 비교해야 하고, 교체 또는 편입 여부도 판단해야 하고, 이에 맞춰 직접 거래도 해야 합니다. 여기에서 투자자의 자제력이 상당 부분 손실됩니다. 그런데 문제는 자제력은 소모되는 자원이라는 것입니다. 그래서 가능하면 참는 것보다 참아야 할 상황을 가능한 줄이는 것, 그리고 갈등 상황에서는 선택을 쉽고 간결하게 하도록 미리 패턴이나 장치 등을 만드는 것이 핵심이라고 합니다. 다행스럽게도 투자는 위임이 가능합니다. 흔히 이를 간접투자라고 합니다. 물론 비용이 들기는 합니다. 하지만 그렇게 해서 나의 자원을 본업이나 또 다른 취미처럼 더 생산적인 곳에 쓸 수 있다면, 동시에 더 나은 투자 성과도 거둘 수 있다면 하지 않을 이유가 없는 것입니다.

앞으로도 좋은 ETF들은 더 많이 나올 것입니다. 당장은 지수의 부재, 효율성 또는 비용 문제, 수익률이나 상관관계에 대한 추적 이력 정보가 없어 편입하지 못하는 자산들도 점차 편입해야 하는 순간이 올 수 있을 것입니다. 여러 신흥국 시장이나 비트코인과 같은 가상화폐도 얼마든지 투자 대상이 될지 누가 알겠습니까? 자산 배분 자체는 다른 투자법에 비해 단순한 셈이지만, 그 자체도 복잡해지는 건 피할 수 없을 것입니다. 이런 변화에 대비해서라도 전문 서비스를 이용한 자산 배분 간접투자는 한 번쯤 고려해볼 만하다고 생각합니다.

지금 당장 연금 투자를 시작하라

초판 1쇄 발행 2024년 12월 4일

지은이 오기찬
펴낸이 박영미
펴낸곳 포르체

책임편집 임혜원
마케팅 정은주 민재영
디자인 황규성

출판신고 2020년 7월 20일 제2020-000103호
전화 02-6083-0128 | 팩스 02-6008-0126
이메일 porchetogo@gmail.com
포스트 https://m.post.naver.com/porche_book
인스타그램 www.instagram.com/porche_book

ⓒ 오기찬(저작권자와 맺은 특약에 따라 검인을 생략합니다.)
ISBN 979-11-93584-90-3 (03320)

여러분의 소중한 원고를 보내주세요.
porchetogo@gmail.com